KATHLEEN HOFFMANN

MANDALAS malen

TRÄUMERISCHE BILDER IN ACRYL
SCHRITT FÜR SCHRITT

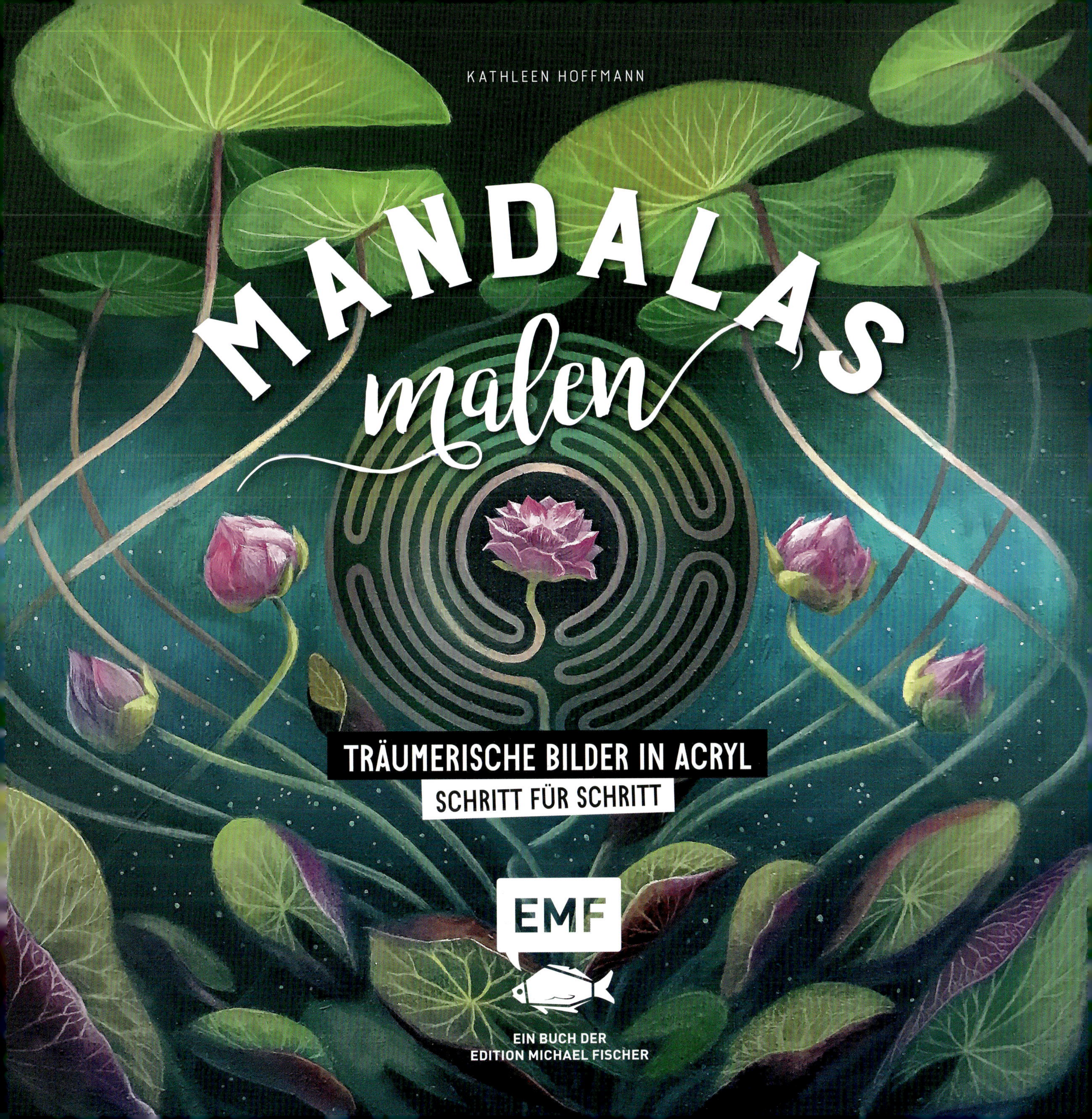

EMF

EIN BUCH DER
EDITION MICHAEL FISCHER

INHALT

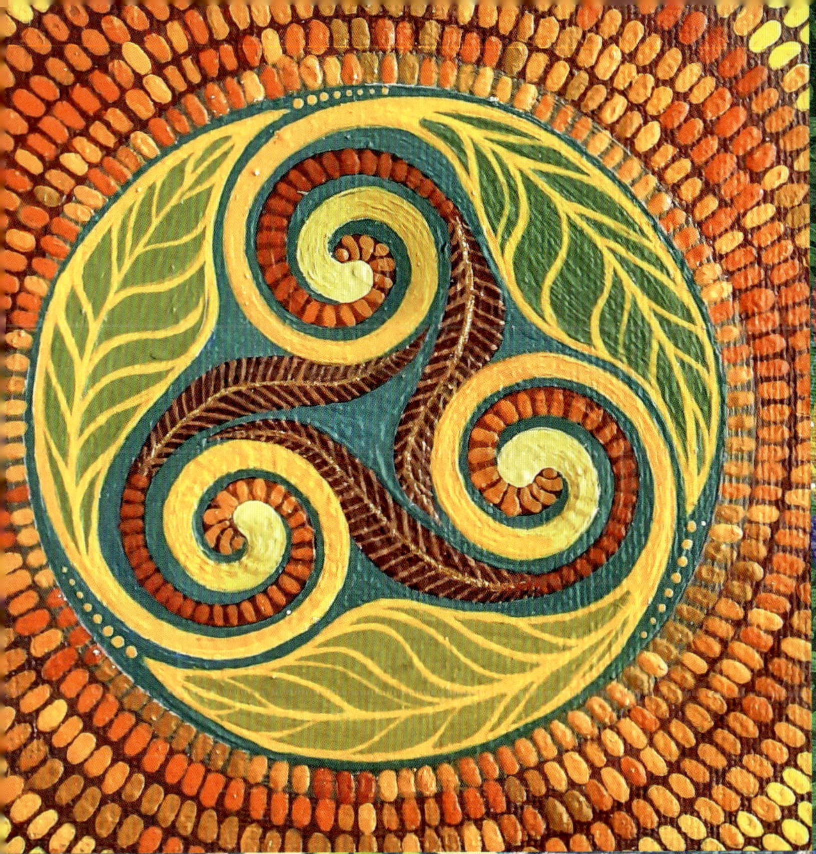
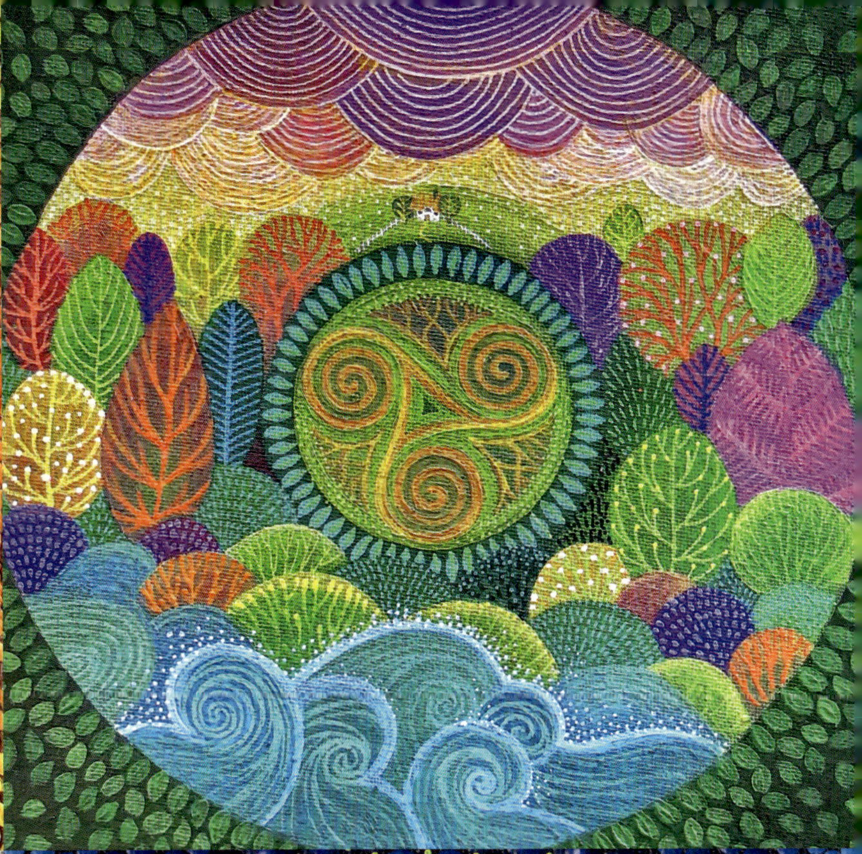
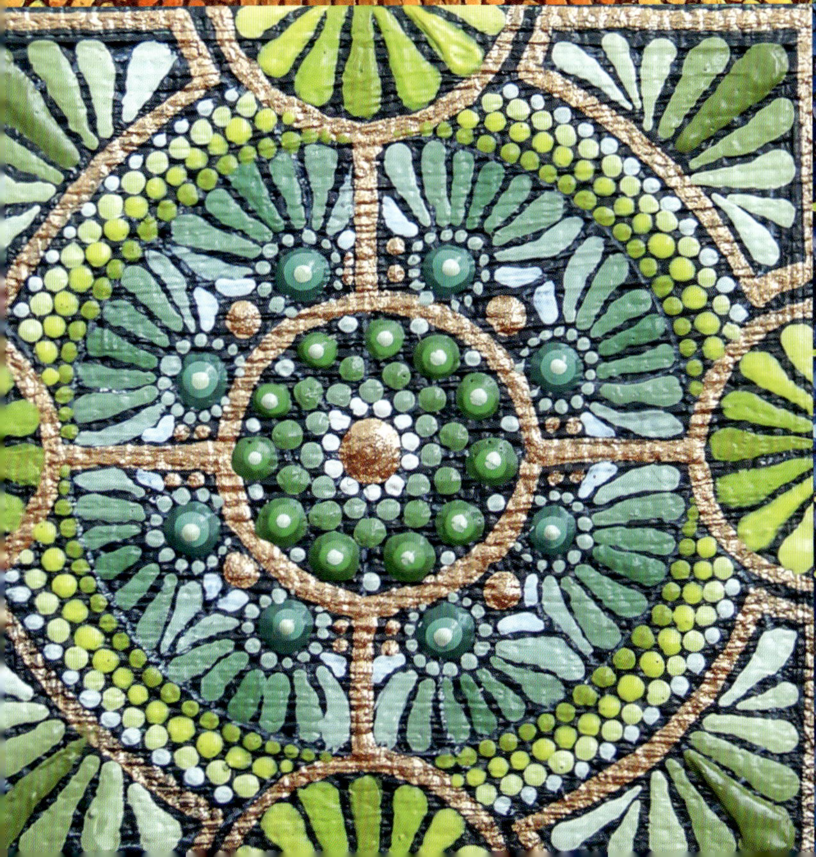
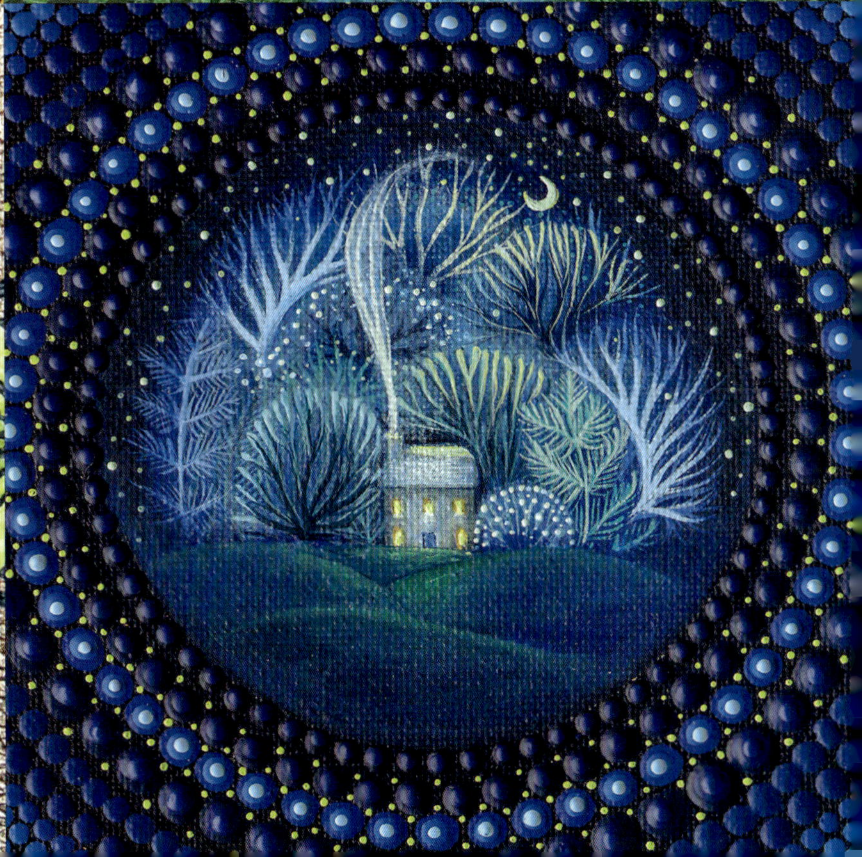

SEI GEGRÜẞT,

mein Name ist Kathleen Hoffmann und ich freue mich sehr, dass dich dieses Buch gefunden hat. Auf den folgenden Seiten möchte ich meine Leidenschaft für das Malen und für Mandalas mit dir teilen.

Dafür habe ich eine Auswahl meiner Bilder für dich zusammengestellt, um dir detaillierte Einblicke anhand von Fotos und Texten über den Entstehungsprozess eines jeden Bildes zu zeigen.

Ich führe dich in ersten Schritten an die grundlegenden Techniken heran. Darauf aufbauend zeige ich dir mit jedem Projekt neue Gestaltungselemente, die in meinen Bildern zum Einsatz kommen, und wie ich sie farblich und kompositorisch umsetze.

Mit diesem Buch gebe ich dir einen kreativen Werkzeugkoffer an die Hand, aus dem du unendlich viele Variationen für dein eigenes Mandala schöpfen kannst.

Darüber hinaus möchte ich nicht nur Tipps und Techniken mit dir teilen. Was mich in meinem künstlerischen Schaffen wirklich antreibt, ist die Faszination über die Erkenntnis, wonach die gesamte Natur von einer verborgenen geometrischen Schöpfungskraft durchdrungen ist. Vom spiraligen Wachstumsverhalten des Farns, fraktalen Verzweigungssystemen in Bäumen sowie Symmetrien in Blättern und Blüten: Diese Prinzipien finden sich in allen Bereichen der Natur wieder, egal, wie komplex oder einfach etwas aufgebaut ist.

Diese Beobachtung zeigt, dass alles miteinander verbunden ist und universellen Prinzipien folgt. Symbole zeugen seit Menschengedenken von dieser Faszination und finden sich in allen Kulturen auf der ganzen Welt wieder. Deshalb sind Symbole, wie zum Beispiel die Triskele oder das Labyrinth, immer wiederkehrende Elemente in meinen Bildern.

Als Illustratorin macht es mir aber auch besonders viel Freude, erzählerische Momente in meine Bilder einzuflechten. Plötzlich öffnet sich ein Fenster in eine andere Welt, ein rauchender Schornstein versteckt sich zwischen Baumkronen, oder eine weiße Katze lockt dich in einen geheimnisvollen Garten und führt den Betrachter in fantasievolle Welten, die zum Innehalten und Träumen einladen.

Ich möchte dich dazu einladen, dich mit der Kraft der Natur und der Symbole zu verbinden und dabei die unendliche Vielfalt dieser Strukturen beim Malen zu entdecken und diese Schönheit in deinen Bildern zu entfalten.

Es ist mir eine große Freude und Ehre, wenn ich dich mit diesem Buch auf deiner Kreativreise begleiten und inspirieren darf. Ich freue mich auf deine Kreationen! Damit ich sie mir auch anschauen kann, verlinke mich gern unter deinen Bildern mit **@kathleenhoffmannart** oder dem Hashtag **#kathleenhoffmannart** auf Instagram.

Mit sonnigen Grüßen, Kathleen

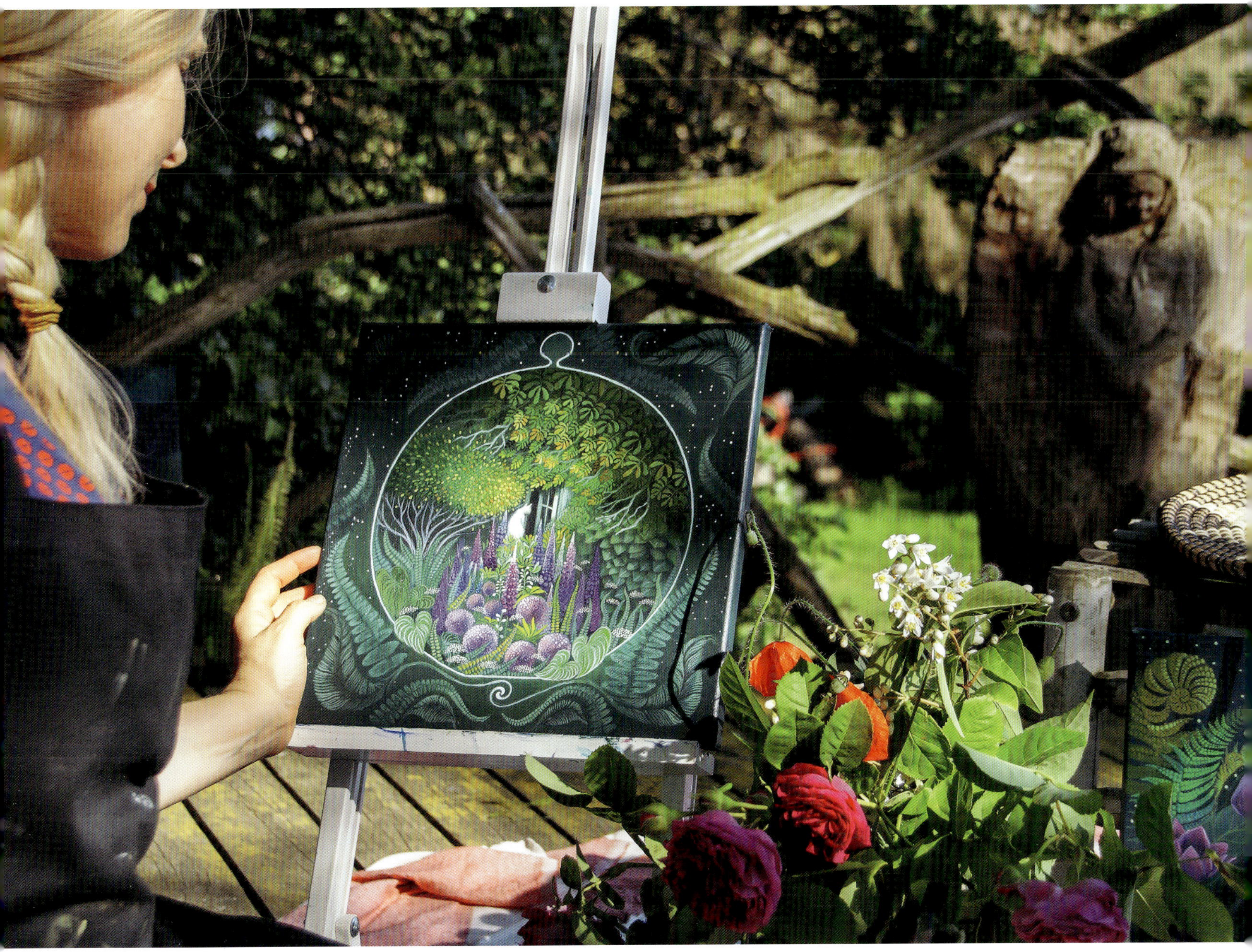

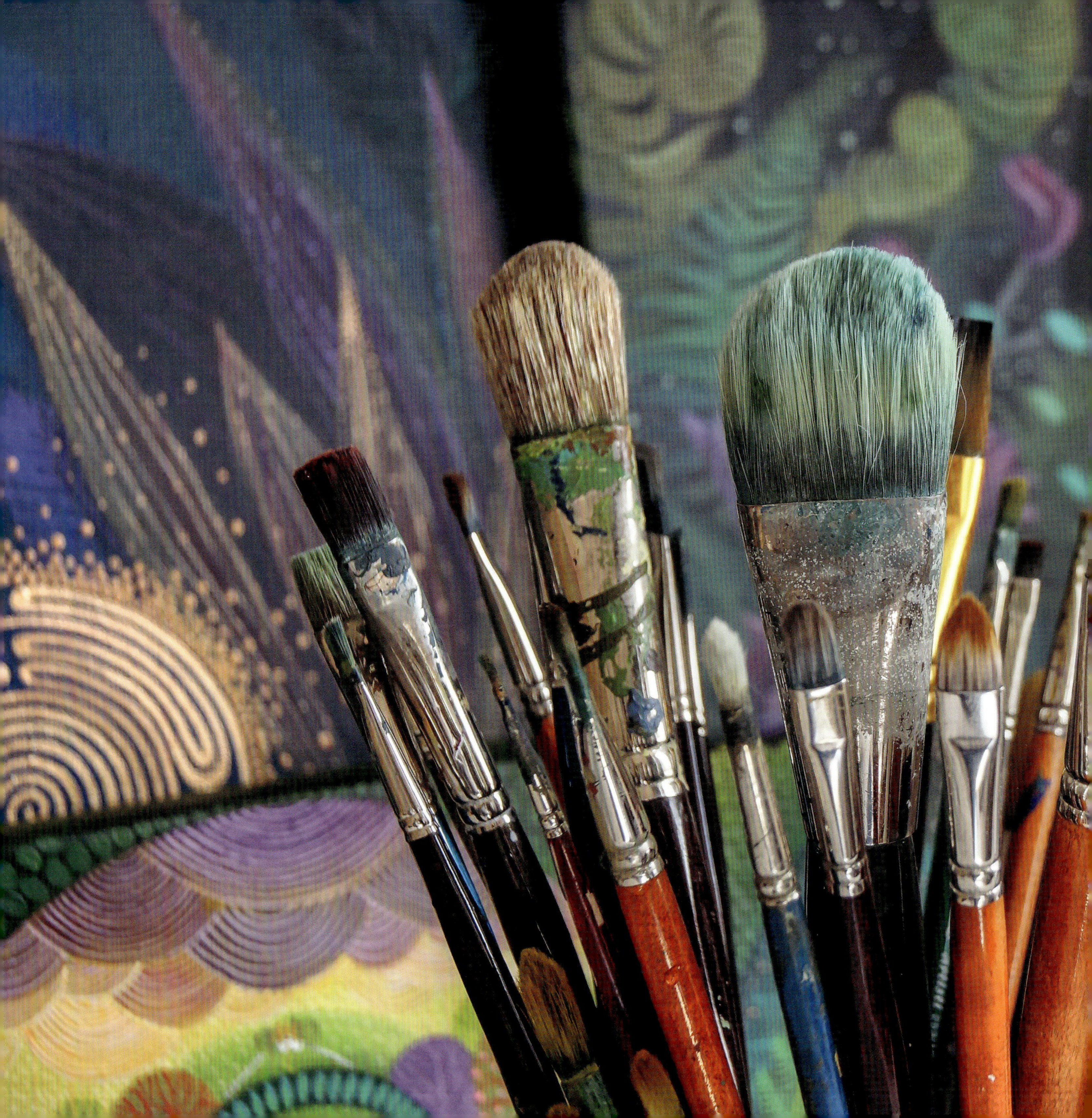

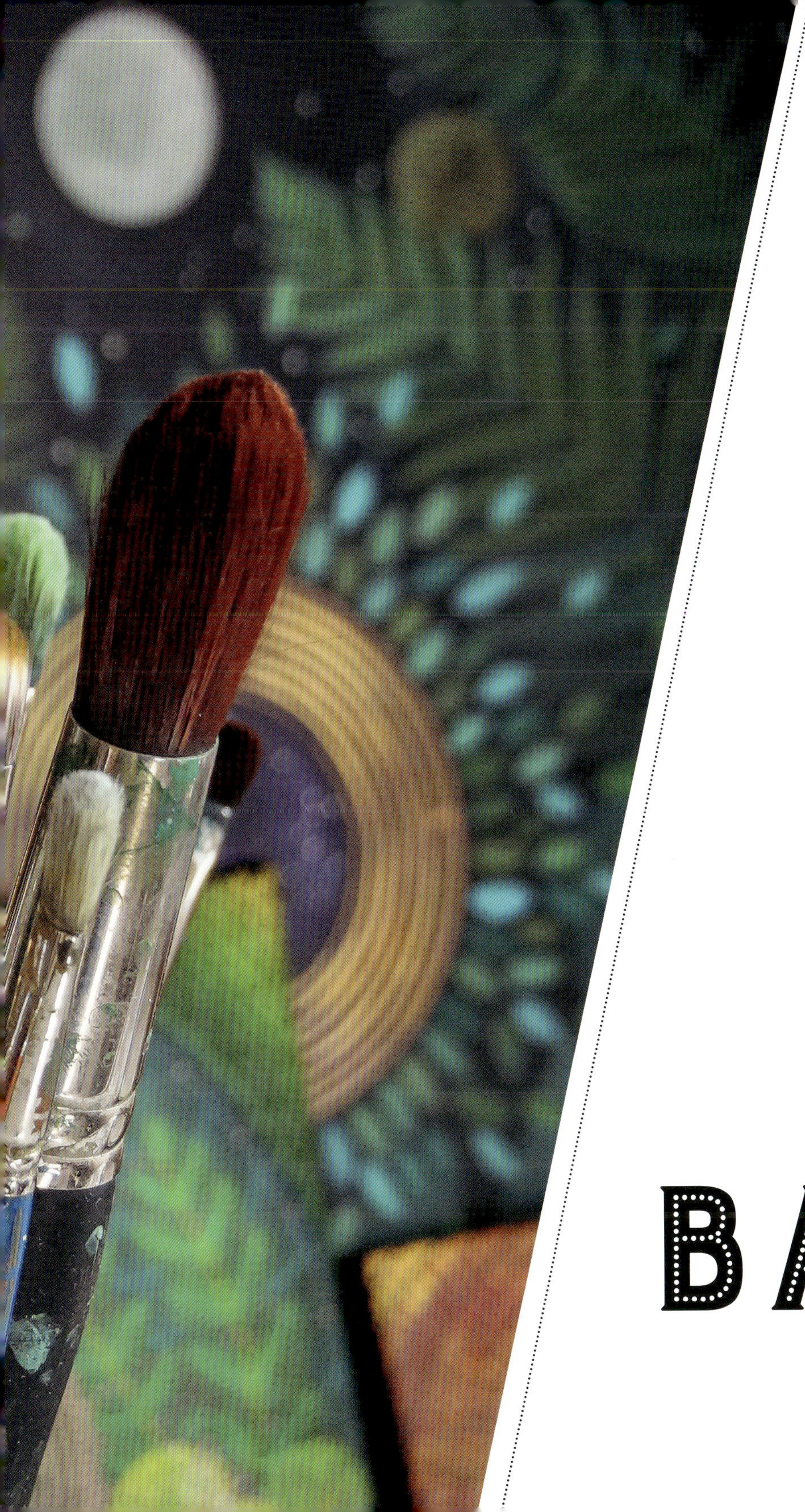

BASICS

MATERIALIEN

Hier stelle ich dir die Materialien vor, die ich verwende und die bei den noch folgenden Motiven zum Einsatz kommen.

ACRYLFARBEN

Ich benutze gerne Acrylfarben, weil sie so unkompliziert und vielseitig einsetzbar sind. Im Gegensatz zu Ölfarben lassen sie sich einfach mit Wasser verdünnen. So können sie stark verdünnt als Lasur verwendet werden, und es lassen sich damit feine, zarte Farbverläufe herstellen. Als Paste verwendet, lässt sich die Farbe üppig auftragen. Acrylfarbe trocknet schnell, und du kannst immer wieder neue Farbschichten, deckend oder transparent, auf die getrocknete Schicht auftragen. Das erleichtert Korrekturen, und der Malprozess ist damit sehr gut kontrollierbar. Somit bieten sich Acrylfarben vor allem für Anfänger an, um sich entspannt auf das Malen konzentrieren zu können.

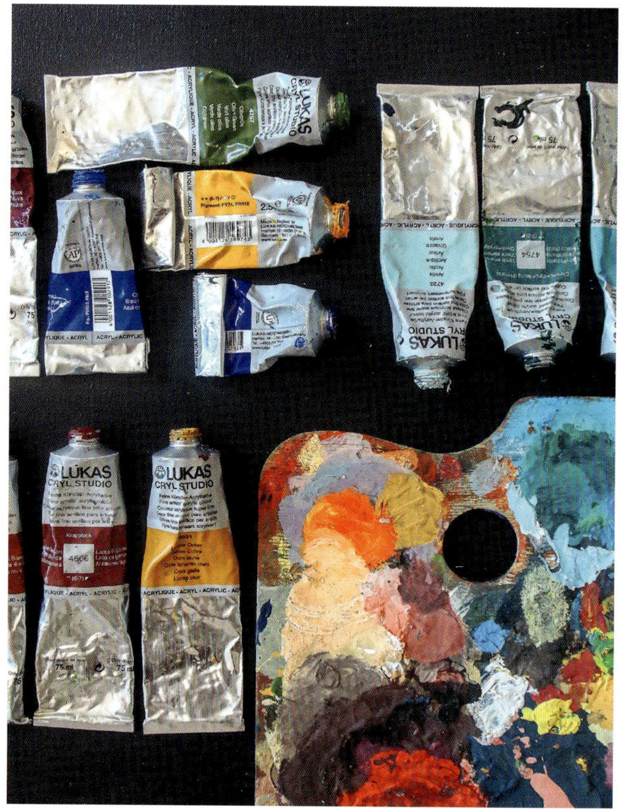

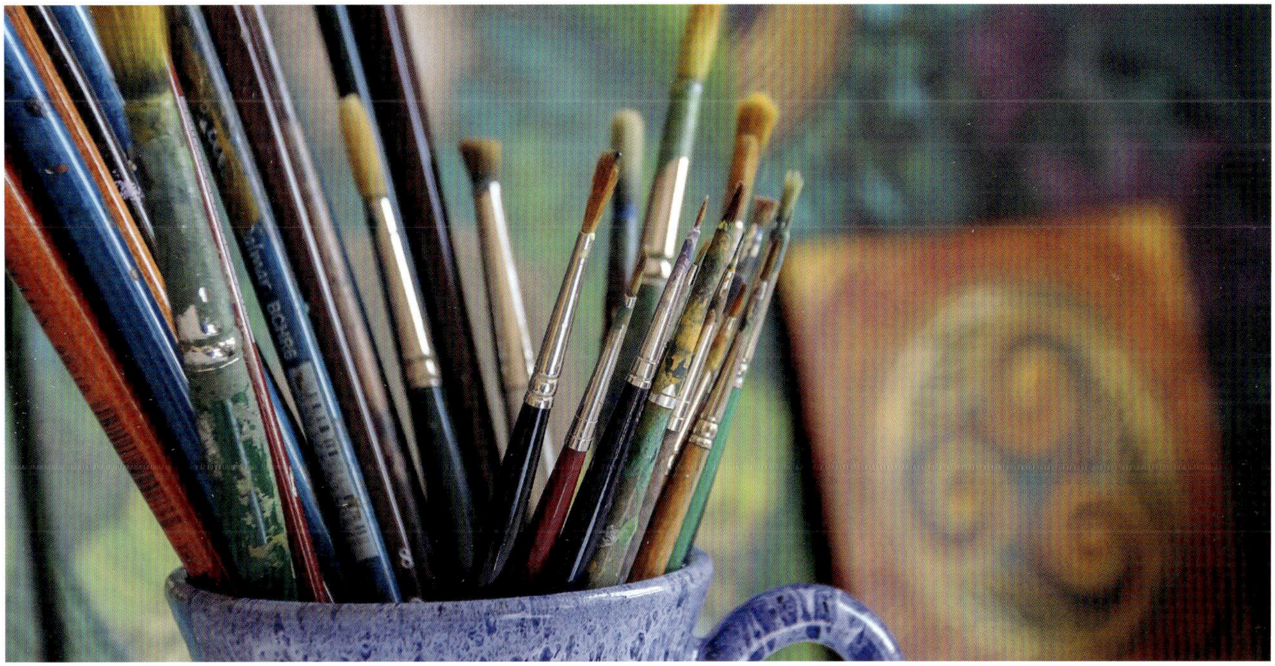

PINSEL

Bevor ich auf die verschiedenen Formen eingehe, gibt es bei der Wahl der Pinsel zwei Kategorien: Echthaarpinsel und Synthetikpinsel. Die wesentlich kostspieligeren Echthaarpinsel haben meist Bezeichnungen wie „Kolinsky" oder „Rotmarder", jedoch gibt es solche Tiere nicht, und das verwendete Haar wird auch nicht aus den Tieren herausgestreichelt. Das Haar stammt häufig aus der Pelzindustrie, aus Herkunftsländern wie China oder Russland. Um unnötiges Tierleid zu vermeiden, kaufe ich deshalb ausschließlich Synthetikpinsel. Im Künstlerbedarf ist das an den Produkten deklariert, und dort findet sich auch eine große Auswahl an qualitativ hochwertigen Synthetikpinseln. Sie sind außerdem pflegeleichter und robuster, vor allem beim Einsatz mit Acrylfarbe.

Tipp

Genauso wenig wie aus getrockneten Pinseln lässt sich Acrylfarbe aus Kleidung herauswaschen. Also Achtung bei der Kleidungswahl. Ich habe mir schon so manches geliebte Kleidungsstück mit bunten Klecksen ungewollt verschönert. Alte Kleider oder eine Schürze beim Malen sind klar von Vorteil.

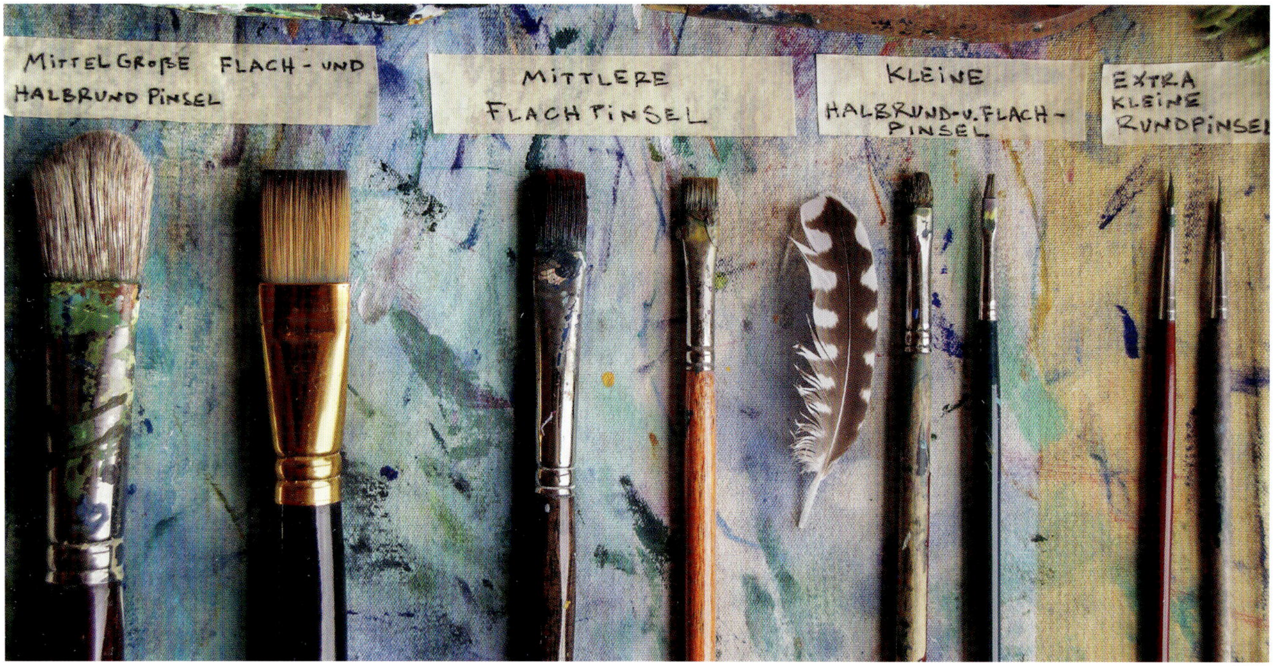

Pinselformen

Ich verwende Rund- und Flachpinsel. Bei den Flachpinseln gibt es noch abgerundete Varianten, wie z. B. der sogenannte Katzenzungenpinsel. Im Allgemeinen werden Flachpinsel für flächige, gleichmäßige und auch lasierende Aufträge genutzt. Rundpinsel verwende ich in den kleinsten Größen für alle Feinheiten und zum Punktieren.

Wähle die Größen deiner Pinsel je nach Größe des Formates aus, auf dem du malen willst. Du wirst auch eine Vorliebe für den Härtegrad deiner Pinsel mit der Zeit entwickeln. Das hängt ganz von deinem Malstil und deiner Präferenz ab. Am besten probierst du einige Pinselvarianten aus, um herauszufinden, mit welchen du am liebsten arbeitest.

Pinselpflege

Wenn du mit dem Malen fertig bist, lass die Farbe nicht im Pinsel antrocknen, sondern wasche ihn zügig aus. Getrocknete Acrylfarbe lässt sich so gut wie nicht mehr aus dem Pinsel herauswaschen. Lass deine Pinsel auch nicht über Nacht oder längere Zeit im Wasserglas stehen, sondern tupfe sie behutsam ab und lege sie zum Trocknen auf ein Stofftuch. Wenn du deinen Pinseln etwas extra Pflege geben möchtest, bekommst du im Künstlerbedarf eine sogenannte Künstlerseife. Damit bleiben die Pinselhaare schön geschmeidig. Außerdem duftet die Seife herrlich und ist unbedenklich für die Umwelt. Wichtig ist, die feuchten Pinsel nicht mit der Pinselspitze nach oben stehend trocknen zu lassen, da sonst die Feuchtigkeit in den Griff eindringt und die Lebensdauer verkürzt.

LEINWÄNDE

Es gibt sehr gute, fertig bespannte und grundierte Keilrahmen im Künstlerbedarf zu kaufen. Dabei kannst du zwischen groben und feinen Gewebearten wählen. Da ich meist mit sehr feinen Details auf lieber kleinen Formaten arbeite, fällt meine Wahl auf eher feine Gewebesorten. Gut gespannte Leinwände verziehen sich durch die Feuchtigkeit der Farbe nicht. Sie sind robust, langlebig und zudem leicht. Das macht sie zu einem beliebten Klassiker für die Acrylmalerei.

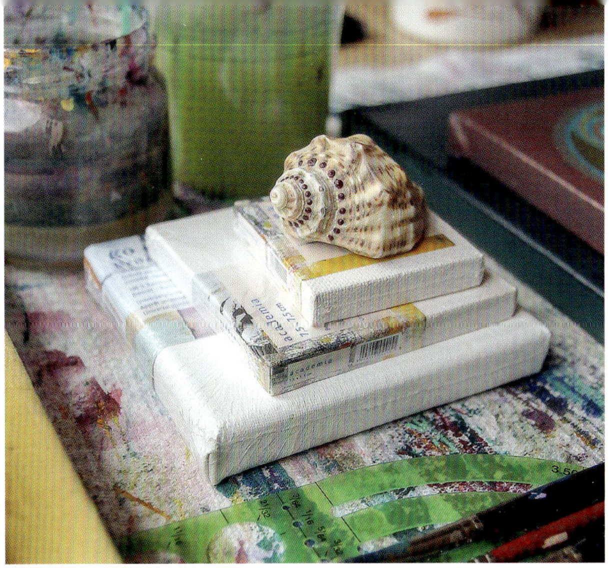

WAS DU SONST NOCH BENÖTIGST

- → Sprühflasche
- → Wassergläser (am besten zwei)
- → Malmesser
- → weißer Buntstift/Bleistift
- → Kreisschablonen oder Zirkel
- → Lineal
- → Radiergummi
- → Firnis mit UV-Schutz

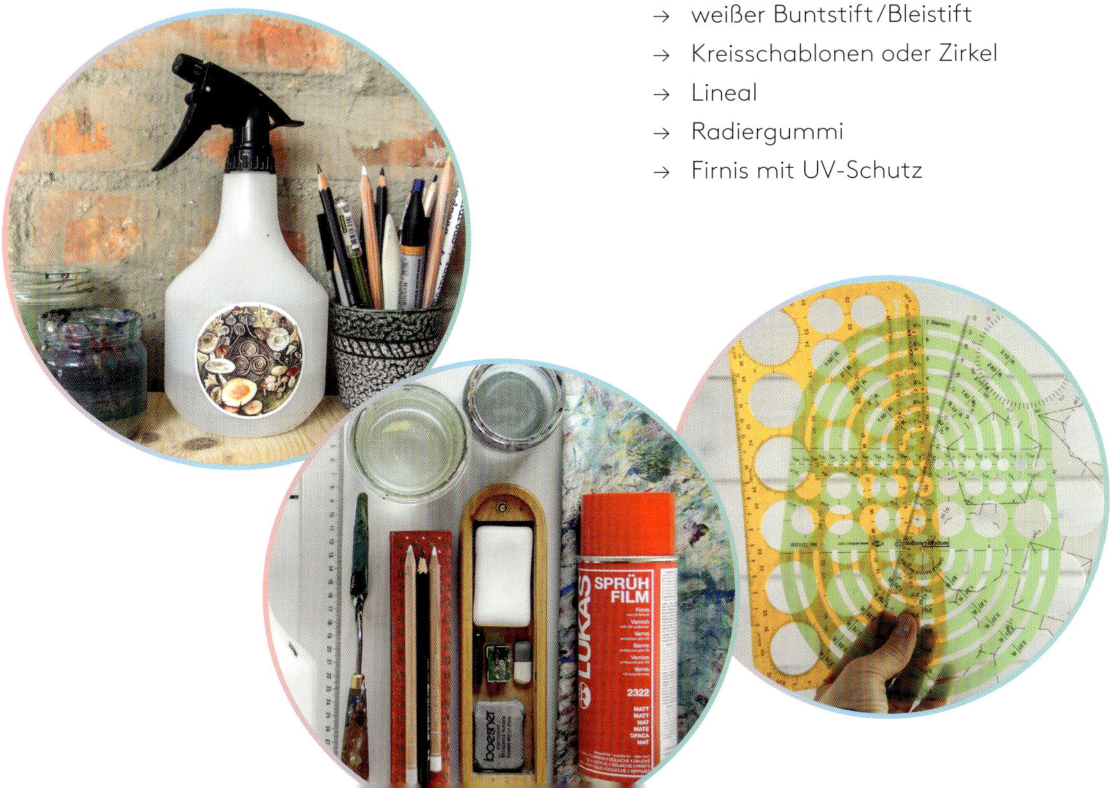

TECHNIK

In diesem Kapitel zeige ich dir, wie ich meine Lieblingssymbole, die Triskele und das Labyrinth, konstruiere, wie dir das Farbenmischen und die Dot-Painting-Technik am besten gelingen und warum ein Skizzenbuch so wertvoll ist.

FARBEN MISCHEN

Ich benutze zum Mischen der Farben einen weißen Teller. Ein neutraler weißer Untergrund ist hilfreicher beim Beurteilen der angemischten Farbtöne als eine Holzpalette. Zum Verdünnen benutze ich am liebsten eine Sprühflasche (1). So kann ich am besten das Wasser dosieren, um die richtige Konsistenz zu erreichen. Außerdem kann man mit ein paar Sprühstößen die angemischte Farbe feucht halten, wenn sie beginnt einzutrocknen. Zum Mischen der Farbe benutze ich ein schmales Malmesser (2 und 3), denn wertvolle Pinsel nutzen sich durch das viele Rühren zu schnell ab, und die Haare können brechen.

1

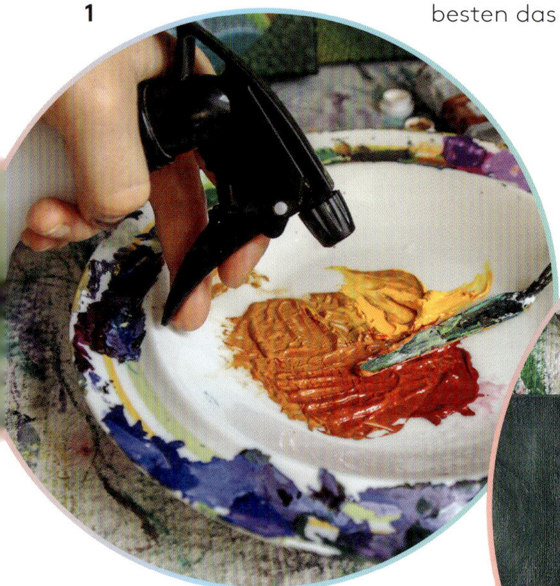

2

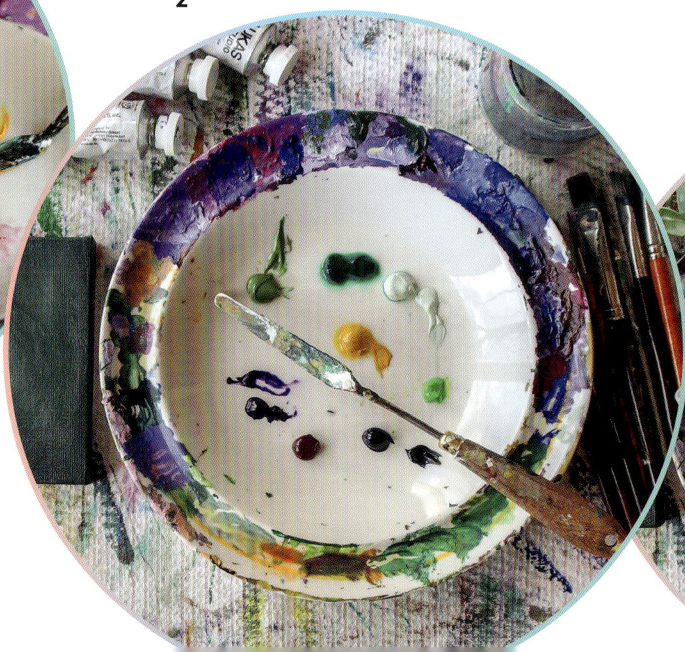

3

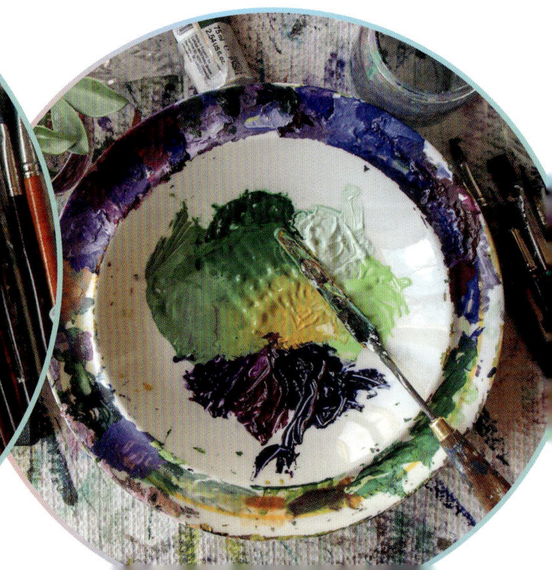

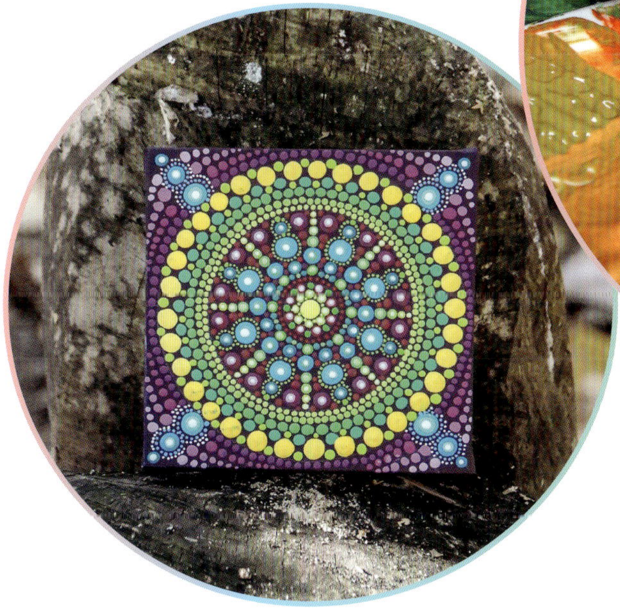

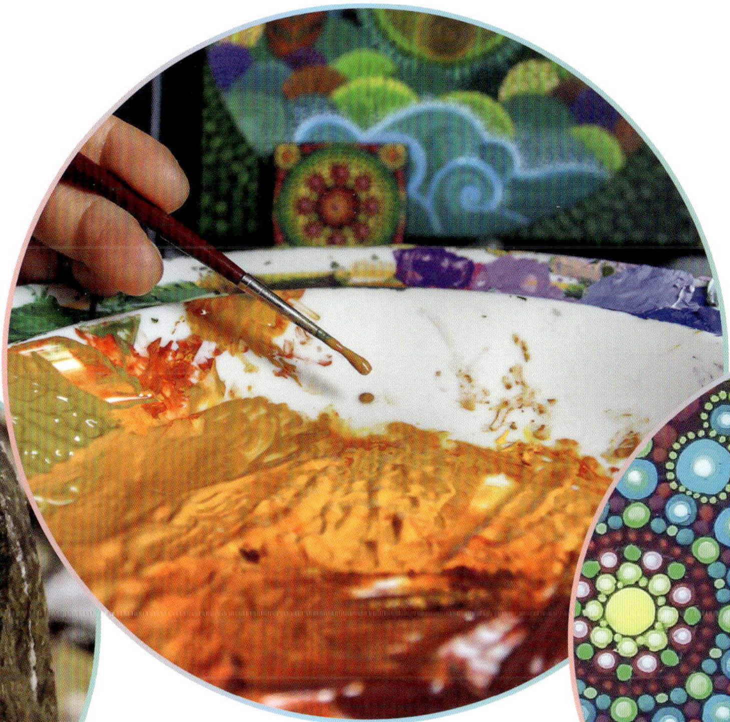

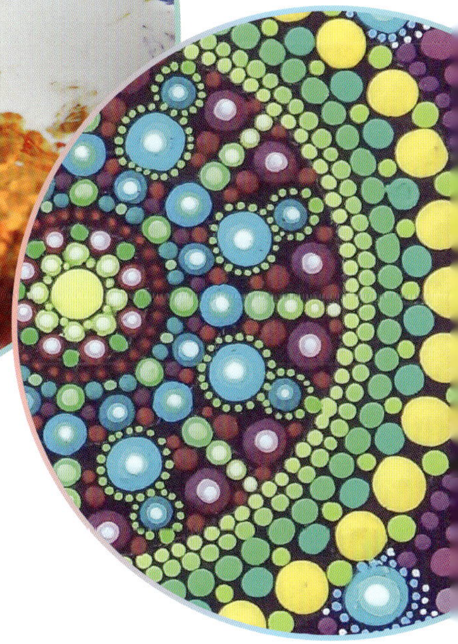

DIE DOT-PAINTING-TECHNIK

Damit die Dot-Painting-Technik richtig gelingt, ist neben einer ruhigen Hand die Konsistenz der Farbe am wichtigsten. Geeignet sind alle kleinen und extra kleinen Rundpinsel.

Die richtige Konsistenz ist erreicht, wenn die Farbe vom Pinsel nicht abtropft, aber gerade so sämig ist, dass sie langsam fließt. Hältst du nun den mit Farbe voll beladenen Pinsel nach unten, und die Farbe folgt langsam fließend der Schwerkraft, reicht eine kleine Berührung auf der Leinwand, und es bildet sich ein perfekter Punkt. Der Pinsel übt dabei fast keinen Druck aus. Lass die Farbe von selbst ihren Weg auf die Leinwand finden. Ist sie zu flüssig, zerfließt der Punkt, ist sie zu pastos, löst sich der Tropfen nicht gut vom Pinsel. Ich teste das so lange auf dem Mischteller, bis es perfekt klappt. Für diese Technik sollte die Leinwand flach auf einer Unterlage liegen, damit die Punkte schön gleichmäßig werden. Übung macht den Meister!

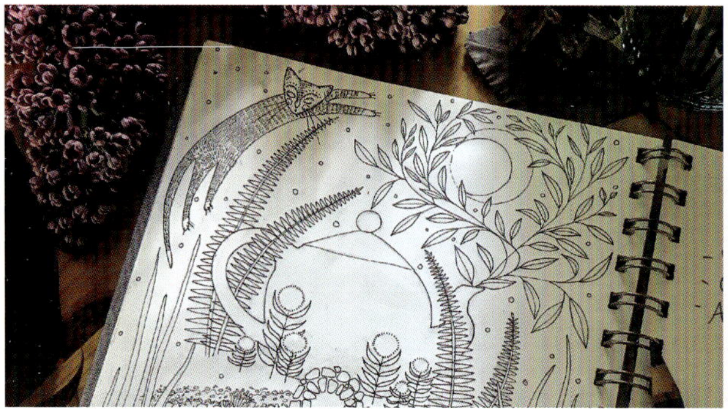

SKIZZENBUCH

Ich habe gern Skizzenbücher im Taschenformat dabei, um jederzeit flüchtige Ideen festhalten zu können. Hier kommt ungefiltert alles hinein, was mir relevant erscheint. Meist sind es pflanzliche Muster oder Texturen, die ich gesehen habe und spannend finde. So sehe ich auch, was gut zusammenpasst und kann auf ein Repertoire zurückgreifen, wenn ich Ideen für eine neue Komposition suche oder mir ein kreativer Kick fehlt. Vor allem mag ich daran, dass nichts perfekt sein muss und ich ohne Druck und ohne dass mein innerer Kritiker zu laut wird, einfach drauflos kritzeln kann.

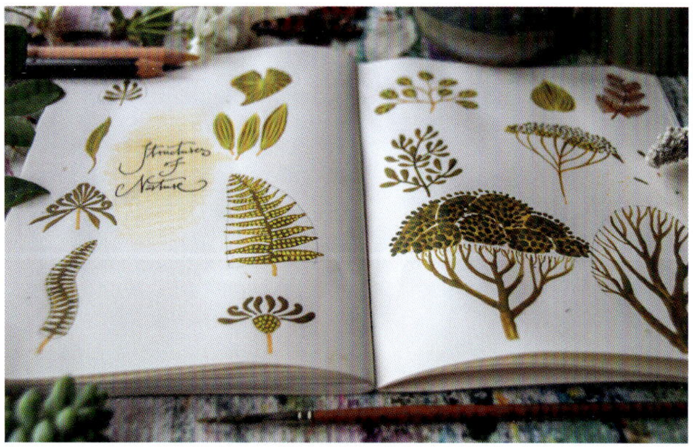

LABYRINTH

Es gibt mehrere Varianten des Labyrinth-Symbols. Eine davon ist das berühmte Labyrinth von Chartres, einer Kathedrale aus dem 13. Jahrhundert in Frankreich. Diese besitzt zwölf Kreislinien, hier zeige ich dir eine vereinfachte Variante mit sechs Kreislinien.

1. Zeichne insgesamt sechs größer werdende Kreise mit demselben Mittelpunkt und in jeweils gleichen Abständen zueinander. Der innerste Kreis ist das Zentrum. Wie groß du das anlegst, kommt darauf an, ob du später noch was hineinmalen willst. Für die Konstruktion ist die Größe unerheblich.

2. Zeichne (nur als Hilfslinien) die vertikale und horizontale Mittelachse ein. Der untere Weg ins Zentrum liegt genau auf der vertikalen Mittelachse und besitzt dieselbe Breite wie die Kreise zueinander. Die linke Linie verbindet sich vom innersten Kreis mit dem äußersten Kreis, die rechte Linie vom innersten Kreis mit dem 2. Kreis von außen.

3. Zeichne jetzt den Eingang ins Labyrinth. Dieser liegt links neben dem unteren Weg, der ins Zentrum führt, und in derselben Breite. Dazu verbindest du eine vertikale Linie von Kreis Nr. 1 (Außenkreis) mit Kreis Nr. 5. Den Eingang radierst du frei. Zeichne oberhalb des Zentrums genau auf der vertikalen Mittelachse zwei weitere Verbindungslinien: von der Zentrumslinie zu Kreis Nr. 4 und von Kreis Nr. 3 zu Nr. 1 (Außenkreis).

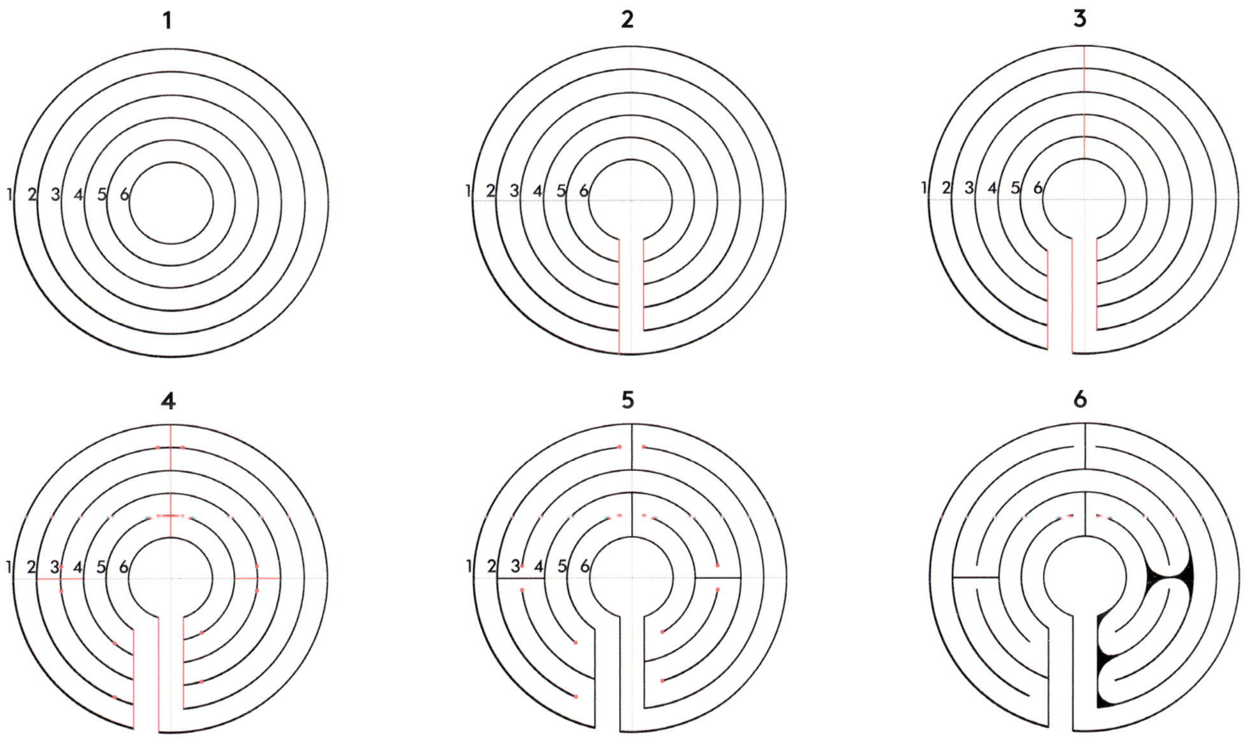

4 Ergänze nun auf der horizontalen Mittelachse die Verbindungslinien: Zeichne links eine Linie von Kreis Nr. 2 zu Nr. 4 und auf der rechten Seite von Kreis Nr. 3 zu Nr. 5. Zu den horizontalen und vertikalen Verbindungslinien kommen nun die Kurvenpunkte hinzu. Markiere sie jeweils auf der dazwischenliegenden Kreislinie, also oben und unten bzw. rechts und links von der Verbindungslinie. Die Kurvenpunkte haben denselben Abstand wie die Kreise zueinander. Zwei weitere Kurvenpunkte liegen auf Kreis Nr. 3 und Nr. 5 rechts vom Zentrumsweg und zwei auf Kreis Nr. 2 und Nr. 4 links vom Eingangsweg.

5 Nun hast du das Grundgerüst für das Labyrinth erstellt. Radiere die Bereiche der Kreislinien zwischen den Kurvenpunkten und den Verbindungslinien weg. So wird der Weg mit seinen Biegungen um einiges deutlicher.

6 Du kannst die Kurven nun noch grafisch durch Abrundungen hervorheben oder das Wegesystem eckig belassen, so wie du magst.

TRISKELE

Das Wort Triskele bedeutet auf griechisch „dreibeinig“. Eine Triskele besteht aus drei radialsymmetrischen Kreisen, Knoten, Spiralen, Dreiecken oder anderen Formen. Hier zeige ich dir die Basiskonstruktion, auf die alle Formen aufbauen.

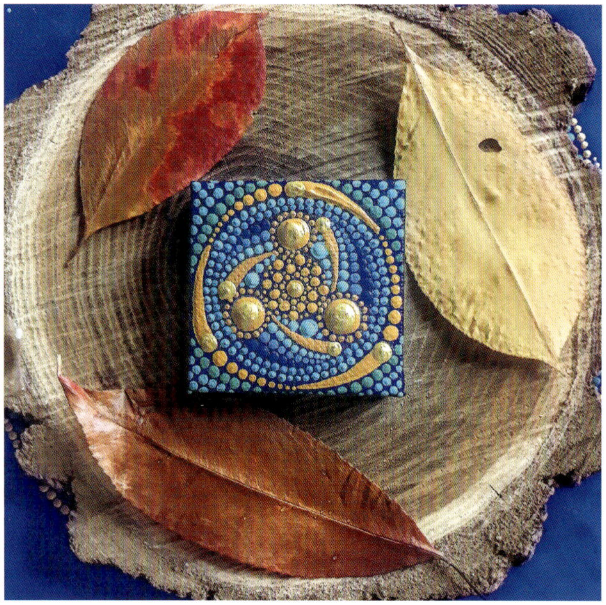

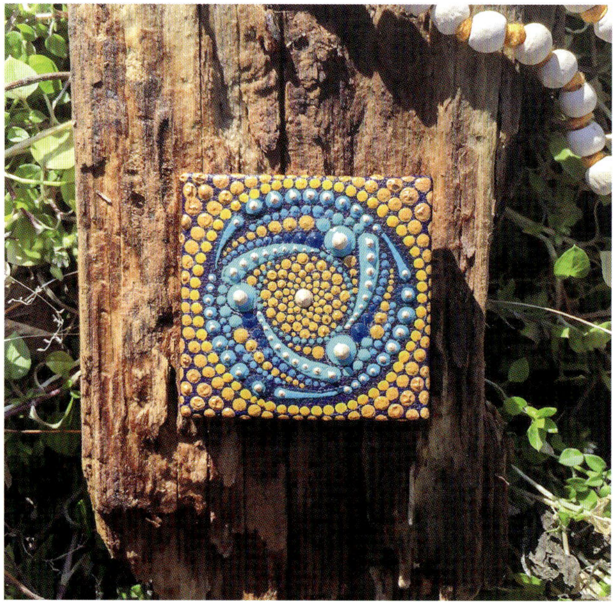

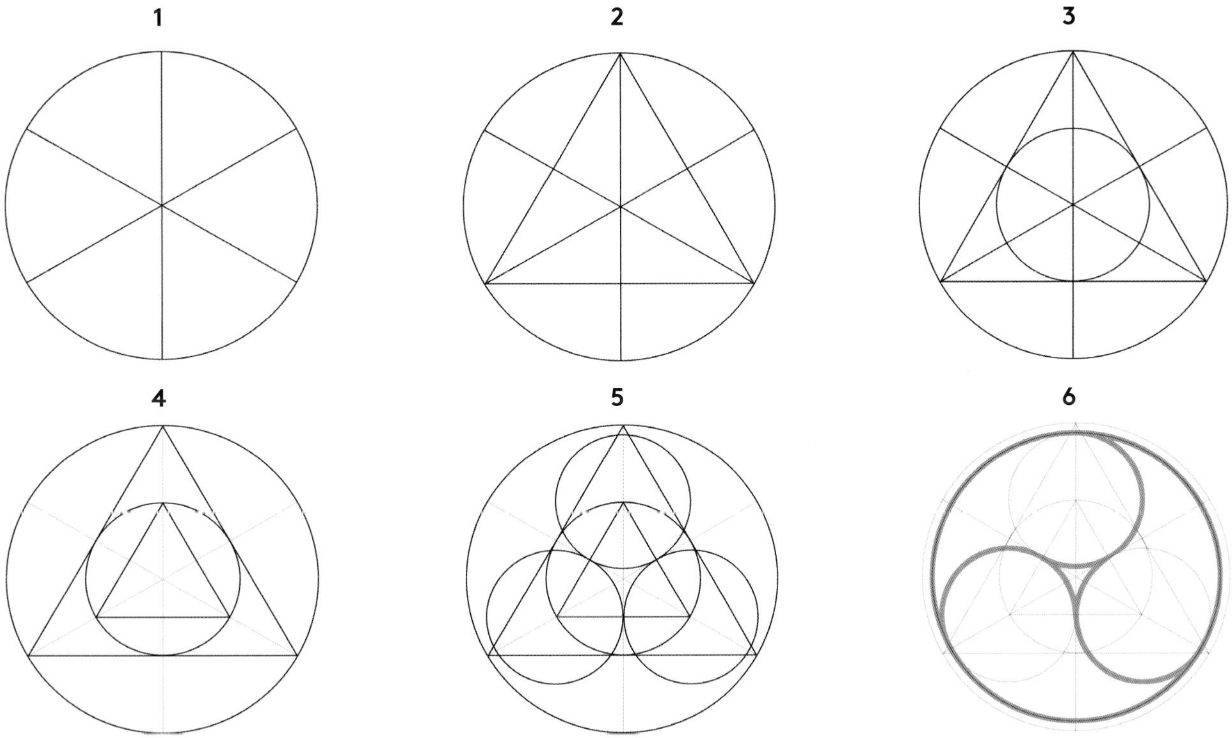

1 Zeichne einen Kreis und unterteile ihn in sechs gleichgroße „Kuchenstücke" mithilfe eines Zirkels oder einer Kreisschablone.

2 Verbinde drei der Eckpunkte zu einem gleichschenkligen Dreieck.

3 Zeichne in das Dreieck einen Kreis, sodass die Kreislinien und die Begrenzungslinien des Dreiecks exakt aufeinanderliegen.

4 Zeichne in diesen Kreis erneut ein gleichschenkliges Dreieck, sodass die Eckpunkte exakt auf der Kreislinie liegen und auf derselben Linie wie die Eckpunkte des größeren Dreiecks.

5 Die Eckpunkte des kleineren Dreiecks bilden den Mittelpunkt für die drei Kreise, die du nun einzeichnest. Der Radius entspricht der halben Seitenlänge des kleinen Dreiecks.

6 Zeichne einen großen Kreis vom Hauptmittelpunkt um die drei entstandenen Kreise herum ein, sodass die Kreislinien aufeinanderliegen. Nun hast du die Grundform der Triskele erstellt und kannst ab hier frei gestalten.

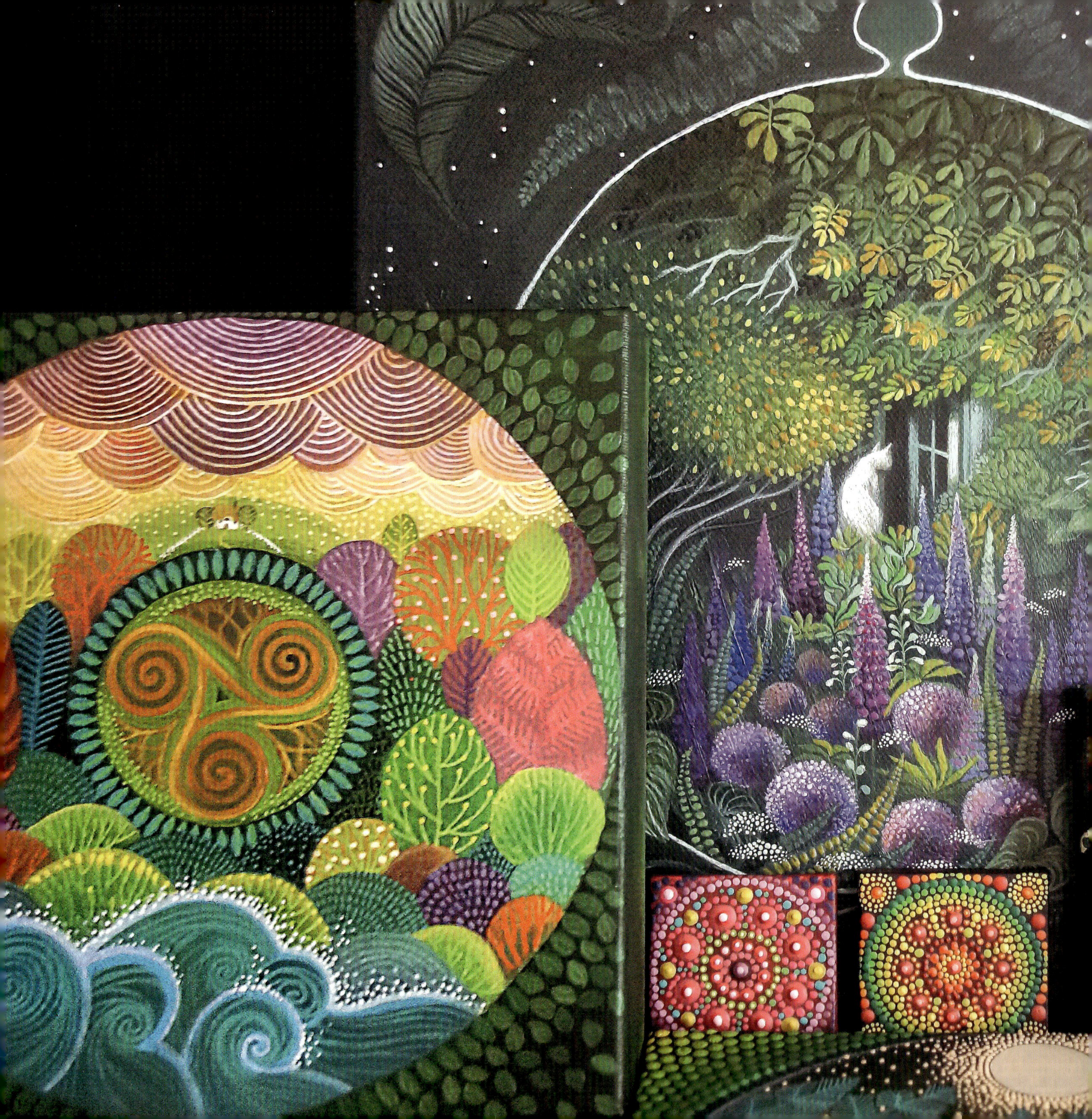

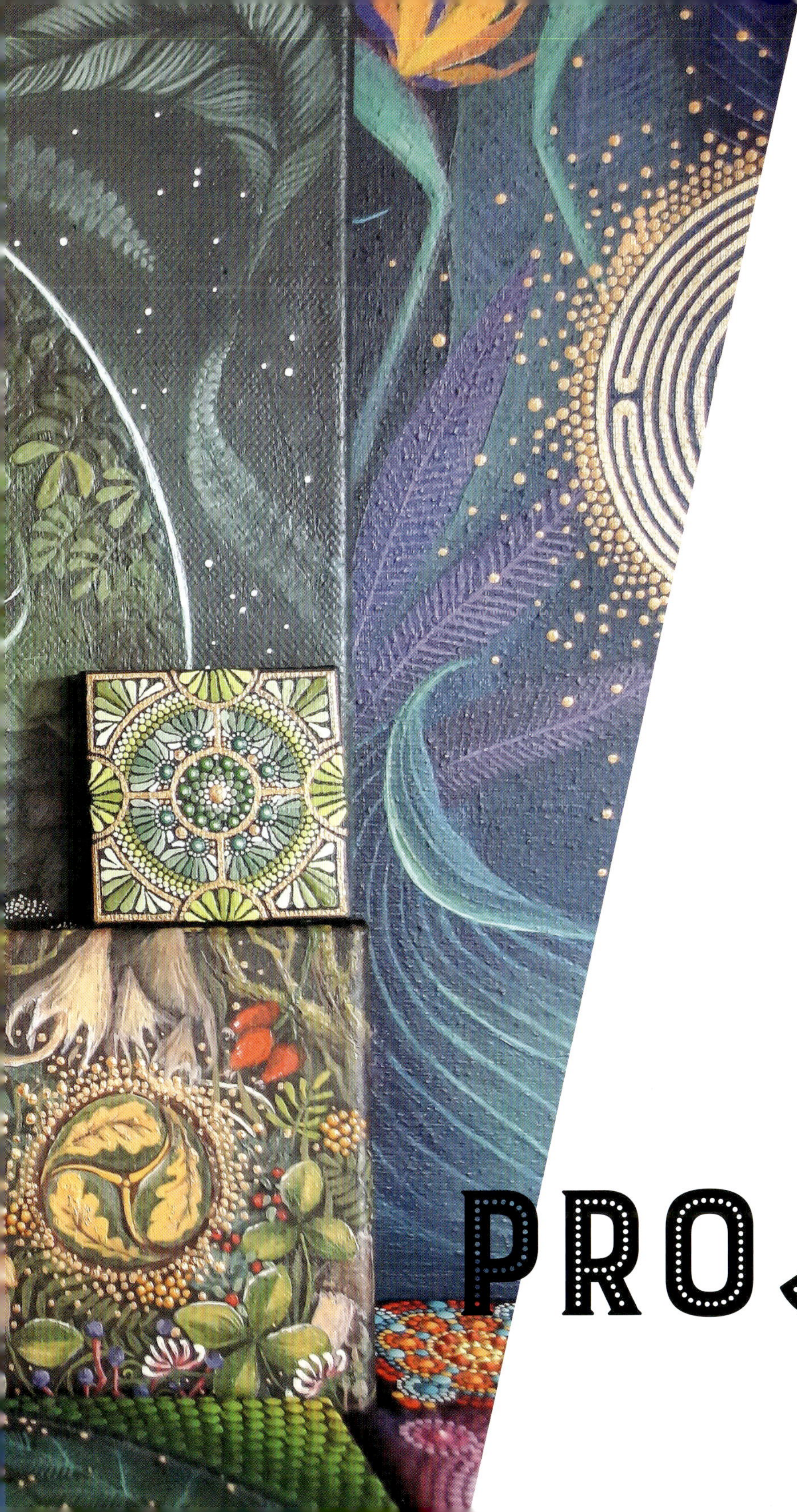

PROJEKTE

MINI-Mandala

»KLEIN UND FEIN«

Um in die Welt der Mandala-Malerei und der Dot-Painting-Technik einzutauchen, beginnen wir mit einem Minimandala, das die wichtigsten Techniken und Grundlagen vereint. Minimandalas sind deshalb besonders reizvoll, weil sie wie kleine Schätze wirken und das filigrane Dot-Painting umso kostbarer wirkt, je kleiner es gemalt ist. Wenn du dir anfangs unsicher wegen der Größe bist oder deine Augen vielleicht nicht so gut sehen können, wähle dein Format etwas größer, sodass es stimmig für dich ist. Auf geht's!

Material

Leinwand: 5 x 5 cm

Pinsel: Acrylpinsel aus Synthetikfaser; kleiner Flachpinsel für die Grundierung; extra kleiner Rundpinsel für die Linien und das Dot-Painting

Acrylfarben: Dunkelgrün für die Grundierung, warme und kühle Grüntöne, Kupferfarbe

Sonstiges: Vorskizze mit weißem Buntstift und Kreisschablone

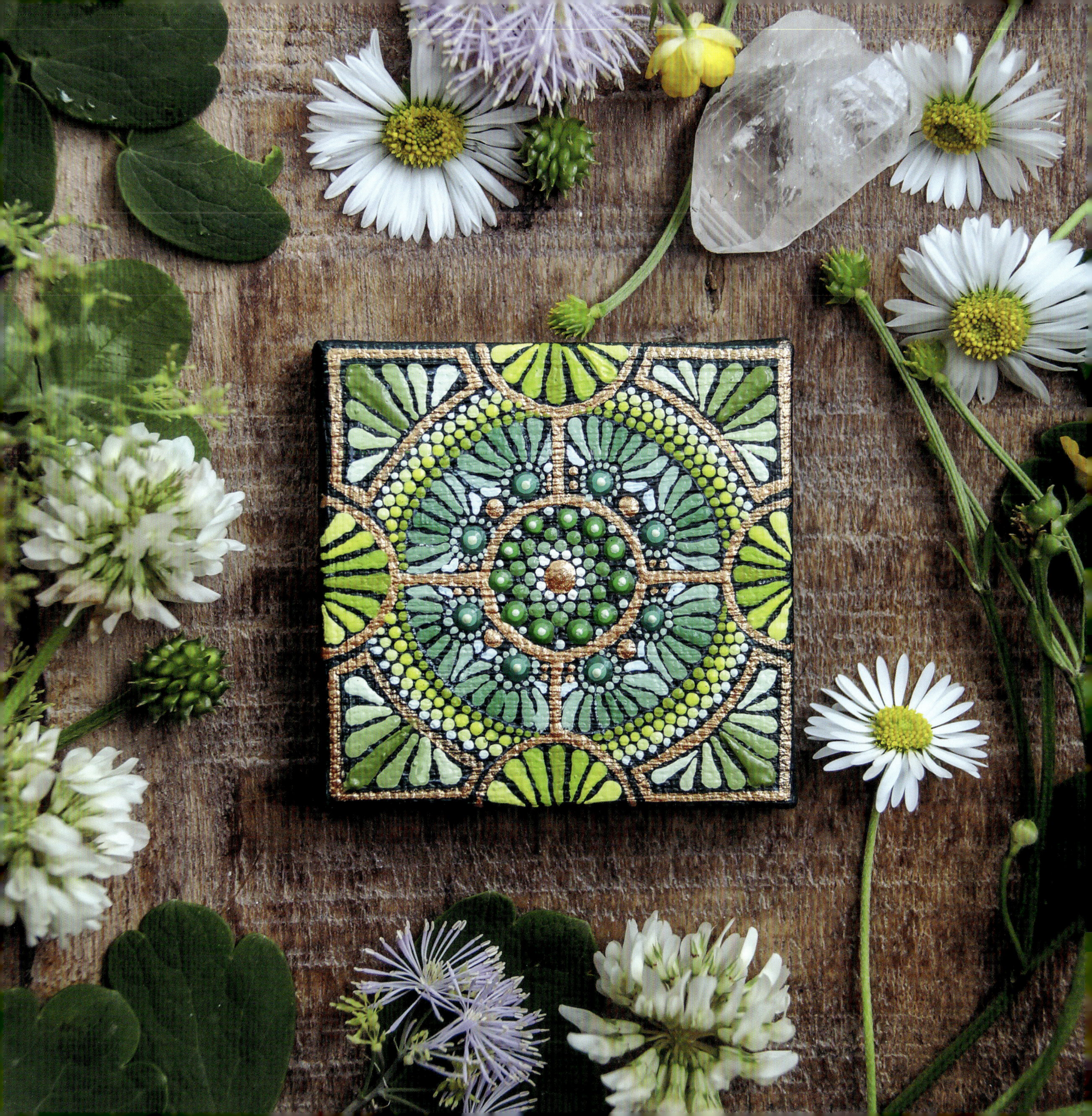

Los geht's

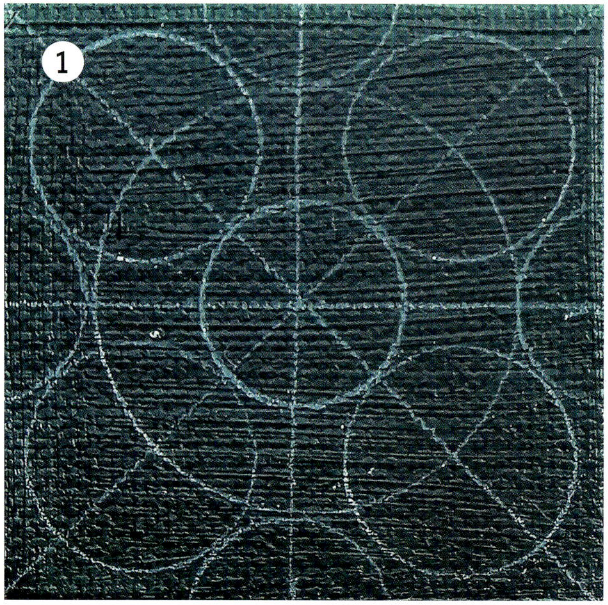

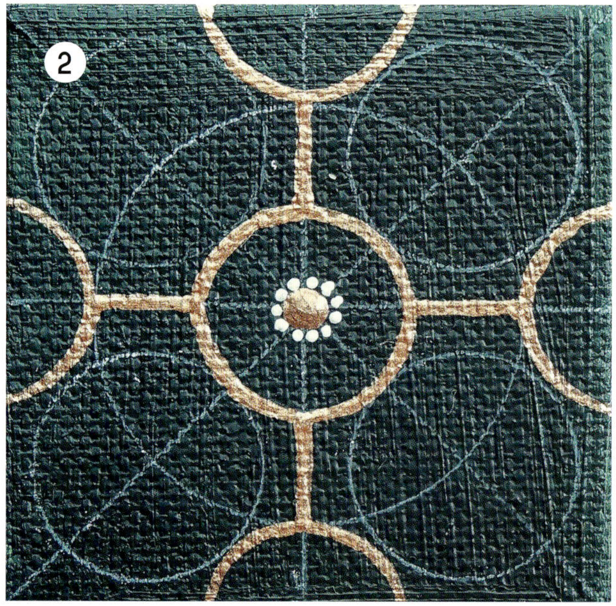

SCHRITT 1

Grundiere zunächst die Leinwand mit Dunkelgrün. Nachdem alles getrocknet ist, markiere dir mit einem hellen Buntstift den Mittelpunkt der Leinwand, indem du die diagonalen Achsen sowie die horizontale und vertikale Symmetrieachse einzeichnest. Zeichne nun einen kleinen Kreis um den Mittelpunkt und in derselben Größe Halbkreise am Ende der horizontalen und vertikalen Mittelachse. Setze etwas größere Kreise zwischen die Halbkreise auf die diagonalen Achsen. Zeichne noch einen großen Kreis mittig, sodass er die Außenkante der Halbkreise berührt.

SCHRITT 2

Mit der Kupferfarbe ziehst du in feinen Linien die Halbkreise, den kleinen Mittelkreis und die geraden Verbindungslinien nach. Auf den Mittelpunkt setzt du mit Kupferfarbe den ersten Dot. Dieser hat einen Durchmesser von ca. 5 mm. Wenn er trocken ist, setzt du kleine weiße Punkte dicht an dicht um den Dot herum. Die Kunst hierbei ist, die Dots so dicht wie möglich aneinanderzusetzen, ohne dass sie ineinander verlaufen.

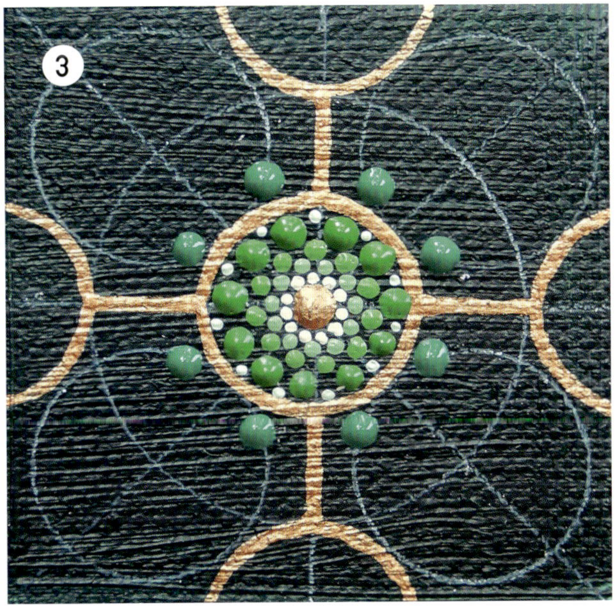

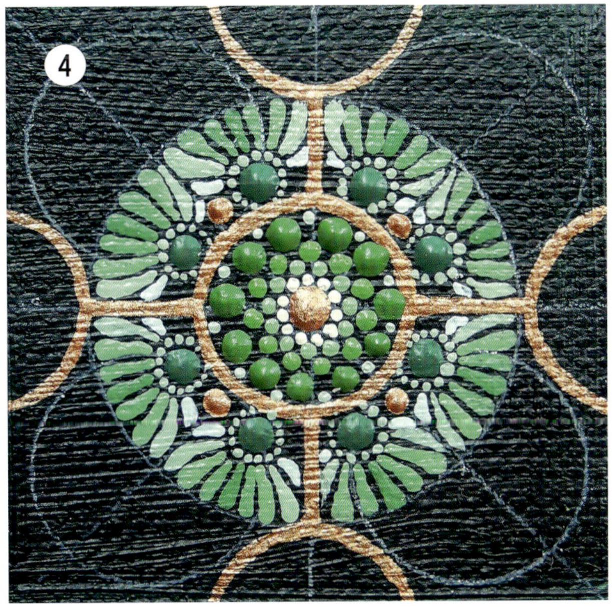

SCHRITT 3

Mit einem hellen Grün setzt du nun die nächste Reihe Dots um die kleinen weißen Punkte herum. Versuche dabei, die Punkte jeweils versetzt zu denen in der Reihe davor zu platzieren, sodass sie jeweils auf einem Zwischenraum sitzen. Lass die Dots Reihe für Reihe etwas größer werden. Die Herausforderung ist dabei, die Punkte eines Kreises in Größe und Abstand so konstant wie möglich zu halten. Mit jedem neuen Ring dunkelst du das Grün ab, sodass ein Farbverlauf entsteht, bis du an der Kupferlinie angelangt bist. Setze außen am Kupferkreis acht größere dunkelgrüne Dots dazu.

SCHRITT 4

Sind diese getrocknet, versiehst du diese auch mit kleinen hellen Punkten als Umrandung. Nun füllst du die Räume bis zur Innenkante des großen Kreises mit tropfenförmigen Blütenblättern. Auch hierbei kannst du einen Farbverlauf einbauen. Ich habe mich für eine kühles, helles Grün entschieden. Setze vier größere Kupferdots in die entstandenen Zwischenräume.

Weiter geht's

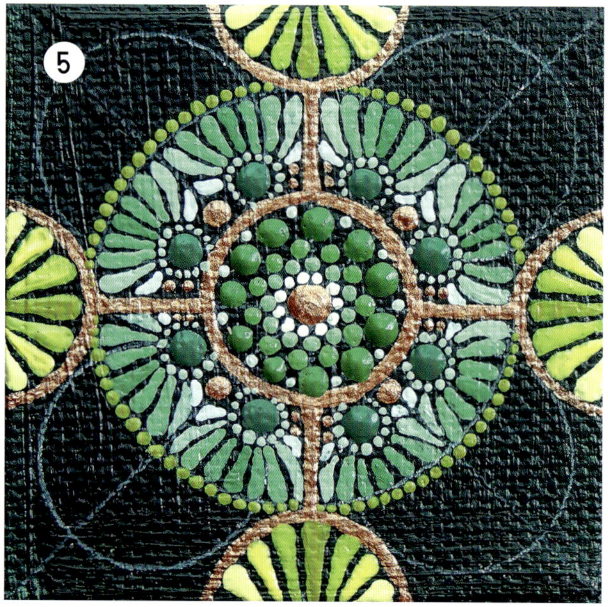

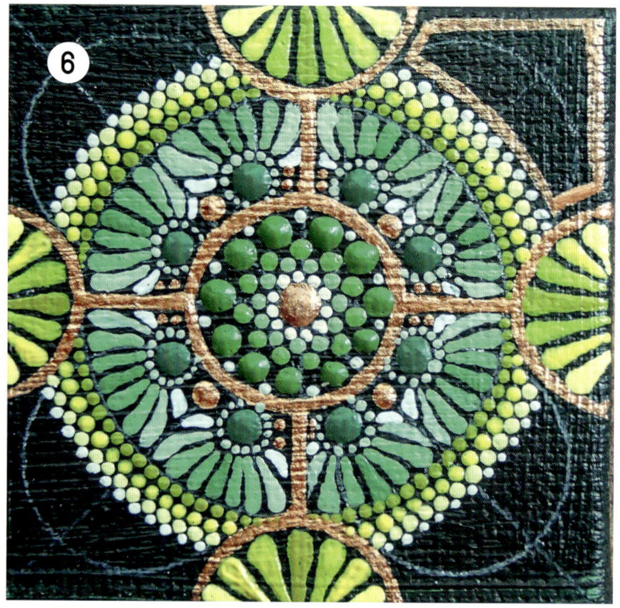

SCHRITT 5

Mit einem warmen hellen Grün umrandest du mit kleinen Punkten die Außenkante des größeren Kreises. Die Halbkreise füllst du in Abstufungen der gleichen Farbe mit der Tropfenform.

SCHRITT 6

Erweitere den Außenkreis um drei weitere Dot-Reihen mit einem Farbverlauf von Dunkel- nach Hellgrün. Nun widmest du dich noch den Ecken. Die Form der Ecken ziehst du mit einer feinen Kupferlinie nach.

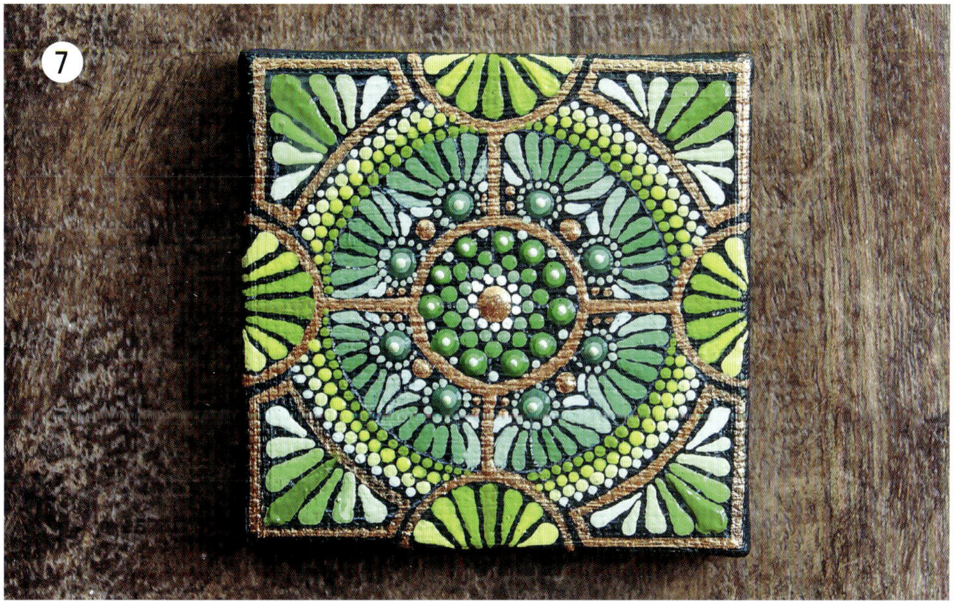

fertig!

SCHRITT 7

Mit der Tropfenform werden auch die Eckformen gefüllt. Hierfür wählst du wiederum ein kühles Grün und setzt zu Beginn den größten Tropfen in die Mitte. Die Tropfen folgen der Eckform und werden nach außen hin heller. Nun kannst du noch helle Highlights auf die dickeren Dots in der Mitte setzen. Das ergibt einen schönen 3-D-Effekt.

DAS RAD des Lebens

»LEBEN IST EWIGER WANDEL.«

Die Triskele spiegelt die magische Zahl „Drei" und ist eines der ältesten bekannten Symbole. Sie symbolisiert Themenkreise wie Vergangenheit – Gegenwart – Zukunft, Geburt – Leben – Tod oder Körper – Geist – Seele. Andere Interpretationen sehen das Symbol auch als Zeichen der dreifachen Göttin: Mädchen – Mutter – Greisin. Es steht für Vorwärtsbewegung, wie das Leben, das immer in Bewegung ist. Dieses gemalte Triskele-Mandala erinnert dich daran, dass wir alle Teil des großen Kreislaufs des Lebens sind.

Material

Leinwand: 12 x 12 cm

Pinsel: Acrylpinsel aus Synthetikfaser; mittelgroßer Flachpinsel für die Grundierung; kleiner Rundpinsel für die länglichen Punkte, extra kleine Pinsel für die zarten Linien

Acrylfarben: eine erdige Farbpalette aus: Lichter Ocker, Dunkler Ocker, Terra di Siena, Indisch Gelb, Mauve für die Grundierung, Gold für Akzente

Sonstiges: Vorskizze mit weißem Buntstift und Kreisschablone

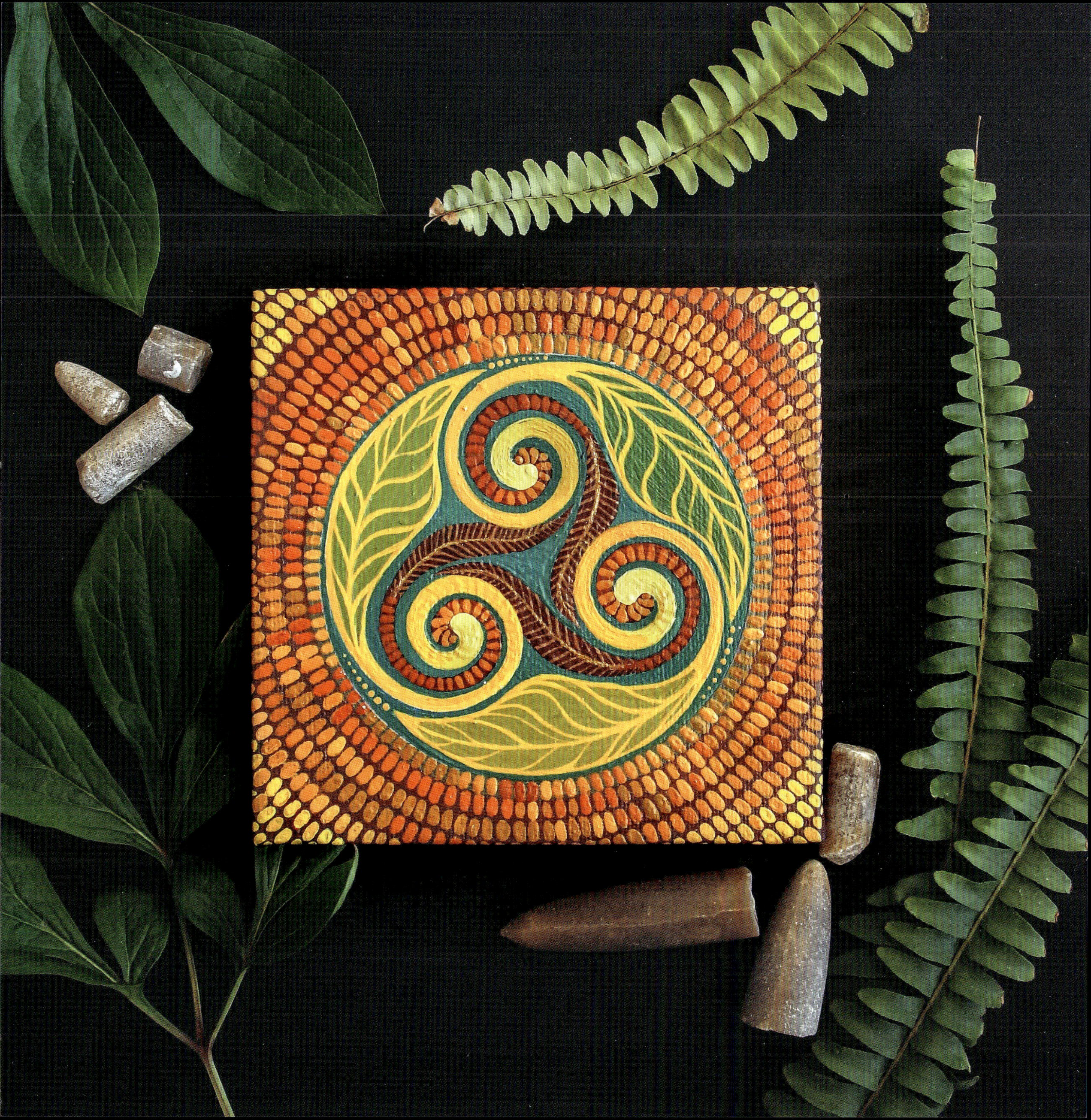

Los geht's

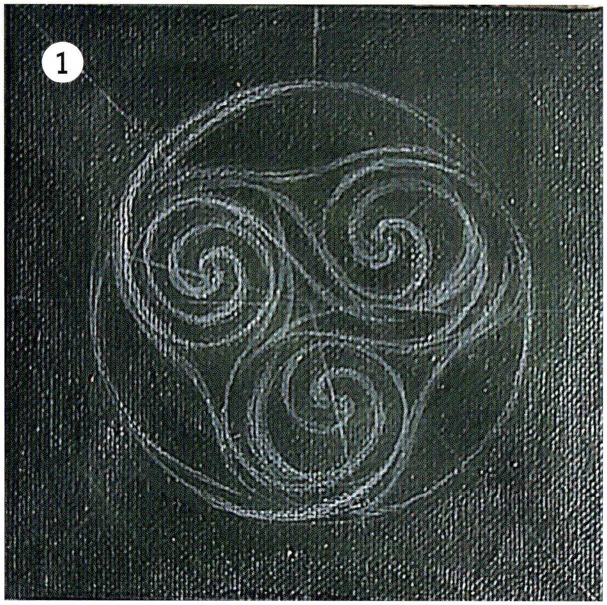

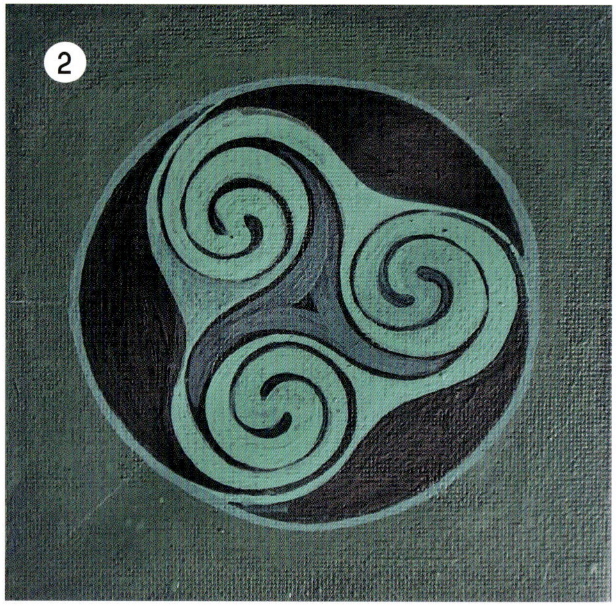

SCHRITT 1

Grundiere zunächst die Leinwand mit einem dunklen, deckenden Ton. Hier habe ich ein dunkles Grün aus Oliv und Indigo angemischt. Markiere dir den Mittelpunkt der Leinwand und konstruiere die Triskele, wie im Kapitel Technik beschrieben. Benutze dafür am besten einen weißen oder hellen Buntstift, der auf der dunklen Grundierung gut erkennbar ist.

SCHRITT 2

Im nächsten Schritt fertige ich eine Farbskizze an. Anhand dieser Skizze möchte ich sehen, ob die Formen gut funktionieren. Es geht mir noch nicht um die finale Farbgebung. Deshalb nehme ich dafür einfach, was gerade noch auf der Farbpalette übrig ist. Bei dieser Triskele habe ich zwei Blattformen miteinander kombiniert, deren Stängel sich jeweils spiralförmig umeinanderwinden. Mittelpunkt dieser Spiralenbewegung ist die Mitte der drei Kreise aus der Triskele-Vorzeichnung. Im Zentrum treffen sich drei schmale längliche Blätter. Die Außenform der Triskele bilden drei größere abstrakte Blätter, die der runden Form des Symbols folgen.

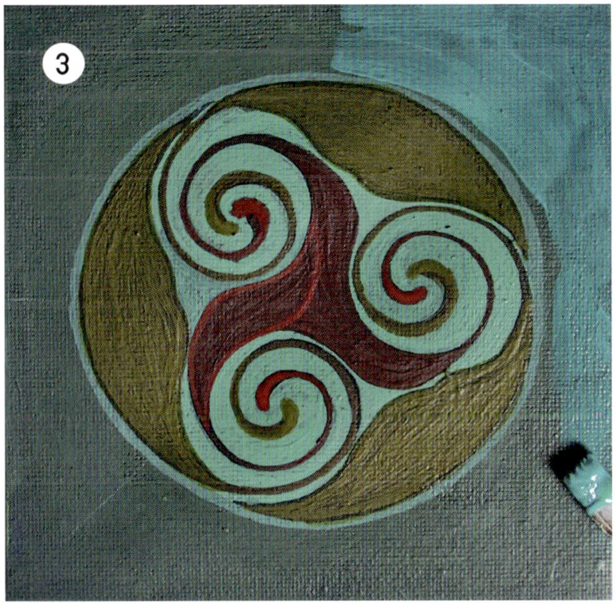

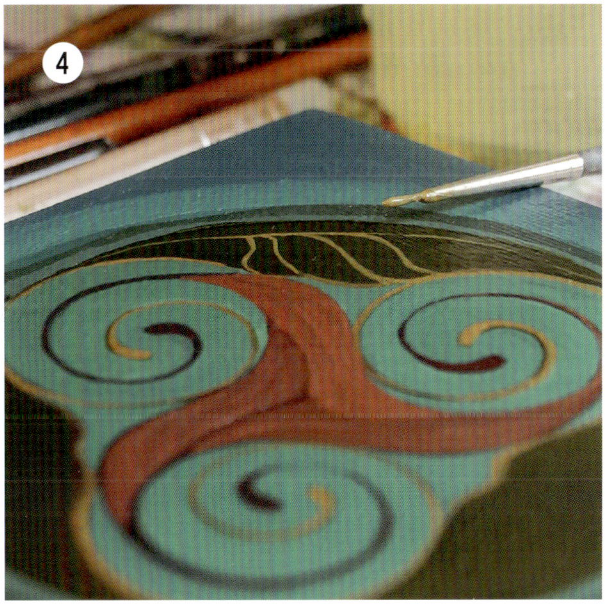

SCHRITT 3

In diesem Schritt legst du die Farben der beiden Blattformen fest. Für die länglichen Blätter wähle ich tiefes Rostrot. Die äußeren Blätter bzw. Bereiche färbe ich in ein sattes Olivgrün.

SCHRITT 4

Mit einem extra dünnen Rundpinsel und Lichtem Ocker malst du die fein strukturierten Blattadern. Schön gleichmäßig und schwungvoll ergeben sie ein dekoratives Muster.

Weiter geht's

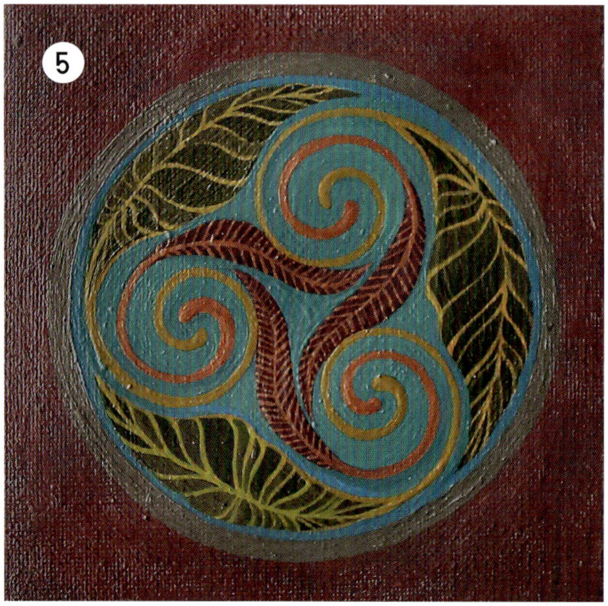

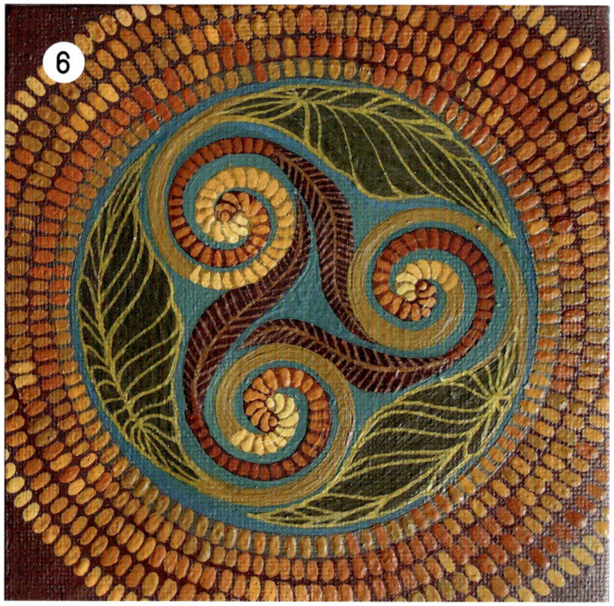

SCHRITT 5

Jetzt entscheidest du dich für die finalen Grundfarben. Außerhalb des Kreises füllst du die Fläche mit demselben Farbton wie die inneren schmalen Blätter. Das Innere der Triskele bekommt ein dunkles Türkis.

SCHRITT 6

Im letzten Schritt kommt die Dot-Painting-Technik zum Einsatz. Aber dieses Mal entscheide ich mich für längliche Dots. In mehreren gleichförmigen Reihen sind sie um den Triskele-Kreis herum angeordnet. Probiere sie so eng wie möglich aneinanderzusetzen, ohne dass sie ineinander verlaufen. Damit es organisch und erdig aussieht, wechsele die Farbtöne unregelmäßig zwischen helleren Gelb- und Orangetönen bis zu dunklen Rot- und Ockertönen.

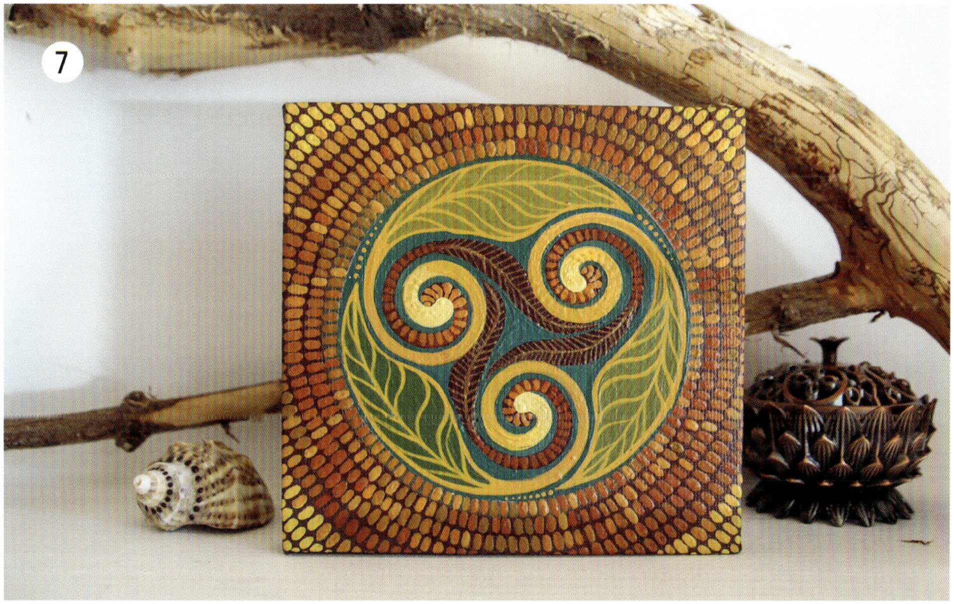

fertig!

SCHRITT 7

Da ich auch die Blattstiele mit den länglichen Dots versehen habe, finde ich bei der Betrachtung aus der Ferne, dass das zu viel ist. Manchmal bemerkt man den Zeitpunkt nicht, wann es genug ist. Also entscheide ich mich dazu, die drei Stiele der äußeren Blätter mit einem hellen klaren Gelb zu akzentuieren. So kommen die Spiralen schön heraus.

IM BUNTEN Herbstwald

»IN JEDEM ABSCHIED LIEGT EIN NEUBEGINN.«

Mit fröhlicher Farbenpracht verabschiedet sich die Natur im Herbst, um ihre Kräfte während des Winters ins Innerste zurückzuziehen. Gleich einem Fest scheinen die Bäume ihren Abschied in allen Farben zu feiern. Die Triskele steht hier für Schöpfung – Bewahrung – Zerstörung. Dieses Bild mit seinen farbintensiven Baumkronen ist eine Hommage an den Lebenskreislauf der Natur und eine Erinnerung daran, dass in jedem Abschied auch immer ein Samenkorn für Erneuerung und Wachstum liegt.

Material

Leinwand: 20 x 20 cm

Pinsel: Acrylpinsel aus Synthetikfaser; mittelgroßer Flachpinsel für die Grundierung; Rundpinsel verschiedenster Größen für die Detailmalerei

Acrylfarben: Die Farben des Herbstes; Grüntöne treffen Rot- bis Violetttöne. Türkis und gelbe Akzente erweitern die Farbpalette zu einer farbenfrohen, verspielten Mischung.

Sonstiges: Buntstifte für die Vorzeichnung

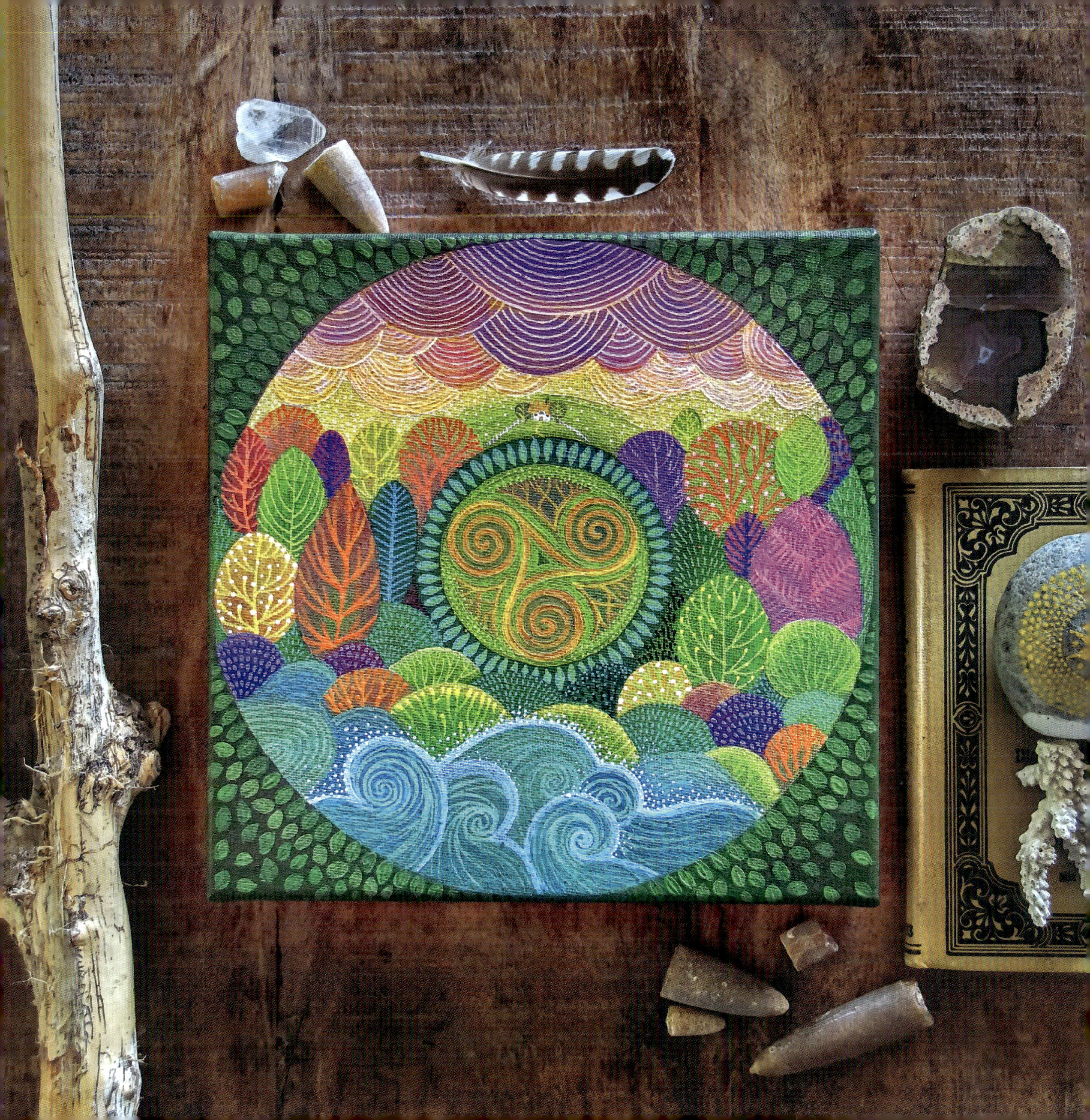

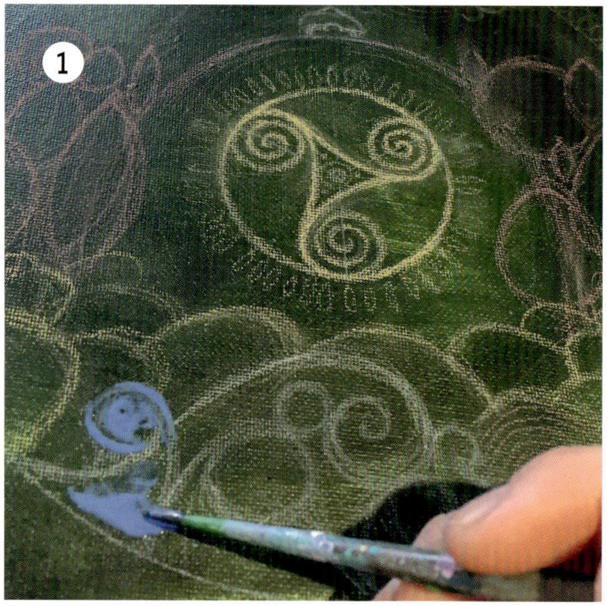

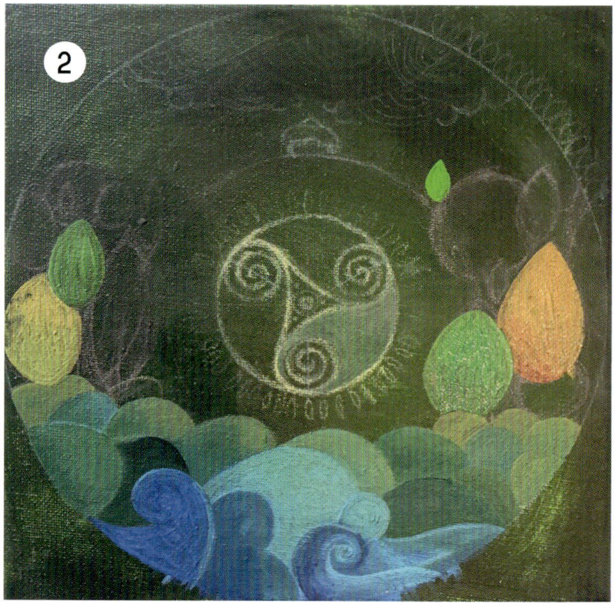

SCHRITT 1

Grundiere zuerst die Leinwand mit einer Mischung aus Oliv- und Dunkelgrün. Ist alles getrocknet, ermittelst du den Mittelpunkt der Leinwand und skizzierst mit Buntstiften, wie die Baumformen um die Triskele herum angeordnet sein sollen. Im Technik-Kapitel ist der Aufbau einer Triskele beschrieben. Bei dieser Variation lasse ich die drei „Füße" als Spirale enden. Dann geht es ans sogenannte Color Blocking.

SCHRITT 2

Color Blocking meint, dass grob abgegrenzte Farbflächen dazu dienen, Farbkombinationen zu finden und auszutesten, um die gewünschte Farbkomposition zu erzielen. Büsche und Bäume sehen erst mal nur wie Ovale und Kreise aus.

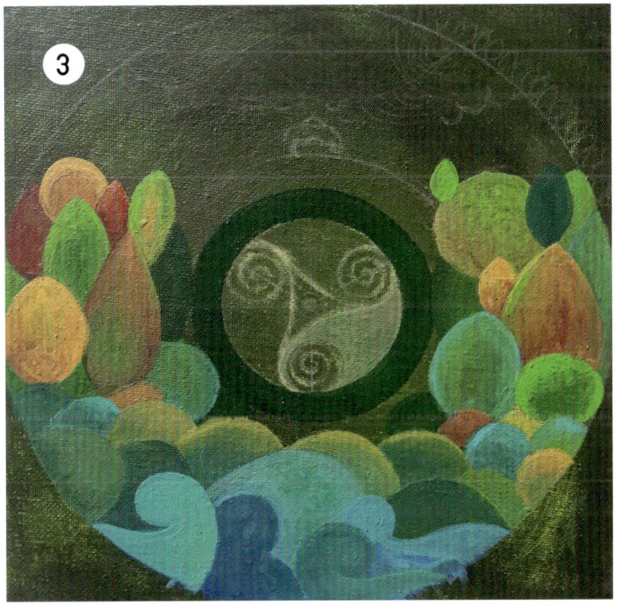

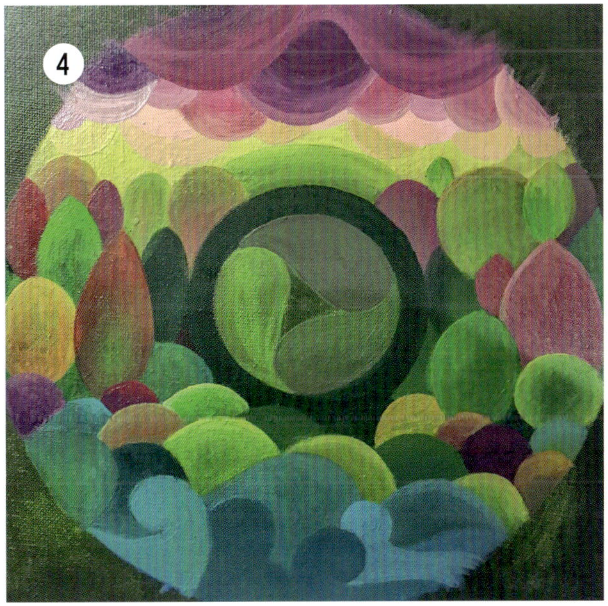

SCHRITT 3

Arbeite dich unten vom Wasser ausgehend gleichmäßig an beiden Rändern nach oben. Dafür benutzt du am besten einen mittelgroßen Rundpinsel. Arbeite so lange in die noch feuchten Farbflächen hinein, bis dir das Farbzusammenspiel harmonisch erscheint.

SCHRITT 4

Hier siehst du das Ergebnis des Color Blockings. Auch die Triskele habe ich farblich mit einbezogen. Du kannst auch schon die einzelnen Farbflächen leicht nuancieren, um das Arrangement lebendig wirken zu lassen.

Weiter geht's

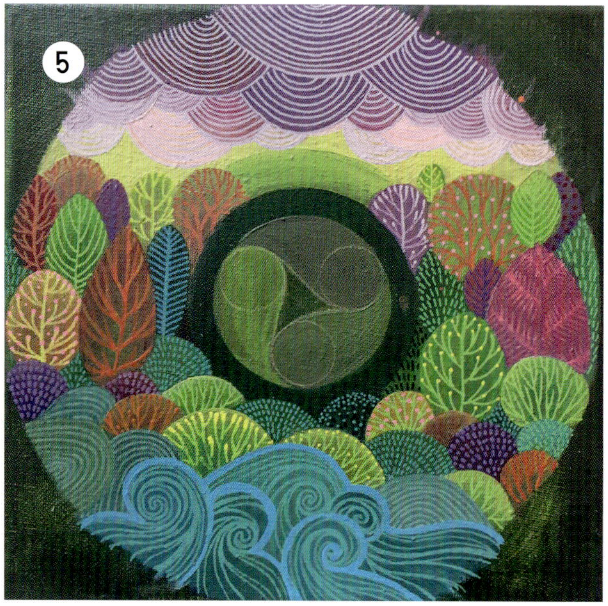

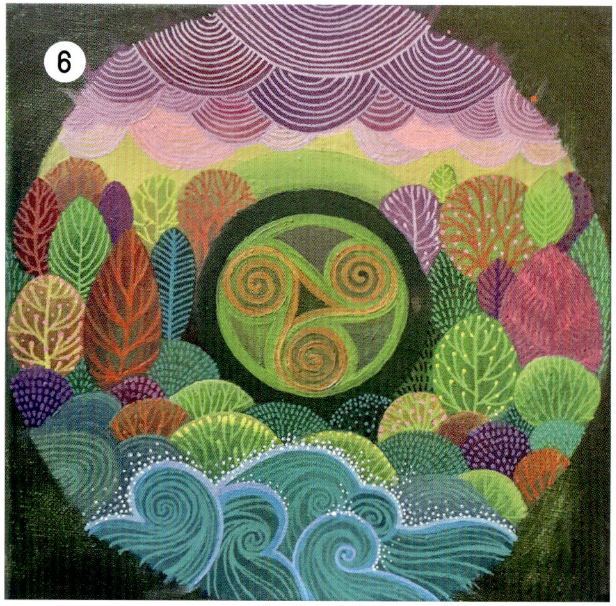

SCHRITT 5

Jetzt kommt der Teil, der mir besonders viel Freude macht. Mit einem sehr feinen Rundpinsel malst du feine Linien und Punkte in die Bäume und Büsche, die das Astwerk darstellen. Hier gibt es so viele Möglichkeiten. Das Wasser und die Wolken bekommen ihre Wellenlinien. Bleibe dabei in der jeweiligen Farbfamilie, damit es nicht zu wild wird.

SCHRITT 6

Nun arbeitest du noch die Triskele mit einem warmen Ocker und Olivgrün aus. So sieht es ein wenig wie Holz aus und fügt sich gut ins Thema ein. Die Gischt setzt du mit der Dot-Painting-Technik um. Viele kleine pastellblaue Pünktchen lassen die Wellen dynamisch und lebendig wirken.

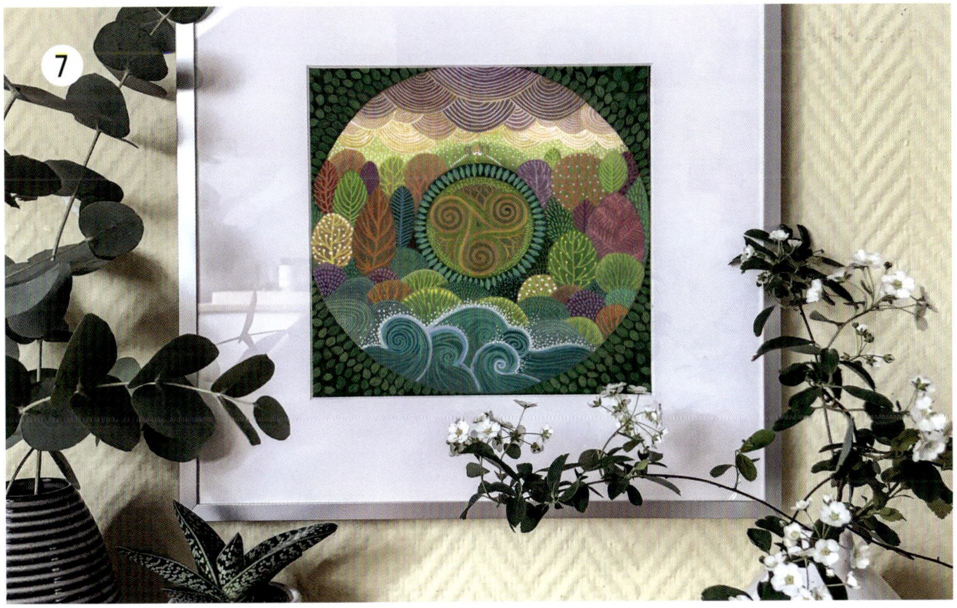

fertig!

SCHRITT 7

Nun säumst du noch den Rand mit vielen kleinen Blättern in Dunkelgrün. Die Reihe direkt an der Kreislinie legst du engmaschig und gleichmäßig an. Zum Ende der Ecke hin werden sie unregelmäßiger und lockerer. Die Triskele säumst du ebenfalls mit einem kleinen Blätterrand und füllst die Zwischenräume der Spiralen mit feinen Zweig-Mustern.

Tipp

Für kreative Impulse eignet sich ein Spaziergang in der Natur. Sammle ein paar schöne Blätter oder was die Natur dir je nach Jahreszeit schenkt und dekoriere damit deinen Arbeitsplatz. So schaffst du dir eine kleine Quelle der Inspiration aus der Natur.

SCHÄTZE der Natur

»EIN BLICK IN ANDERE WELTEN«

Begebe dich mit diesem Bild in den Kosmos der Pilze, Kräuter und wilden Früchte. In dieser Welt liegt der Ursprung der Pflanzenheilkunde, und viele Mythen und Märchen um allerlei Zauberwesen nehmen hier ihren Anfang. Mit diesem kleinen Werk aus Zauberpilzen, Klee, Efeu und farbenfrohen Wildbeeren lade ich dich dazu ein, deinem denkenden Geist einmal eine Pause zu schenken und dich tief in diese Sphären hineinzuträumen.

Material

Leinwand: 12 x 12 cm

Pinsel: Acrylpinsel aus Synthetikfaser; mittelgroßer Flachpinsel für die Grundierung; Rundpinsel verschiedenster Größen für die Detailmalerei, feine Rundpinsel für das Dot-Painting

Acrylfarben: kühle und warme Grüntöne (Saftgrün, Chromoxidgrün, Olivgrün); Heller Ocker, Braun (Umbra gebrannt), Weiß, Orange und Rot für die Akzente

Sonstiges: weißer Buntstift für die Vorzeichnung

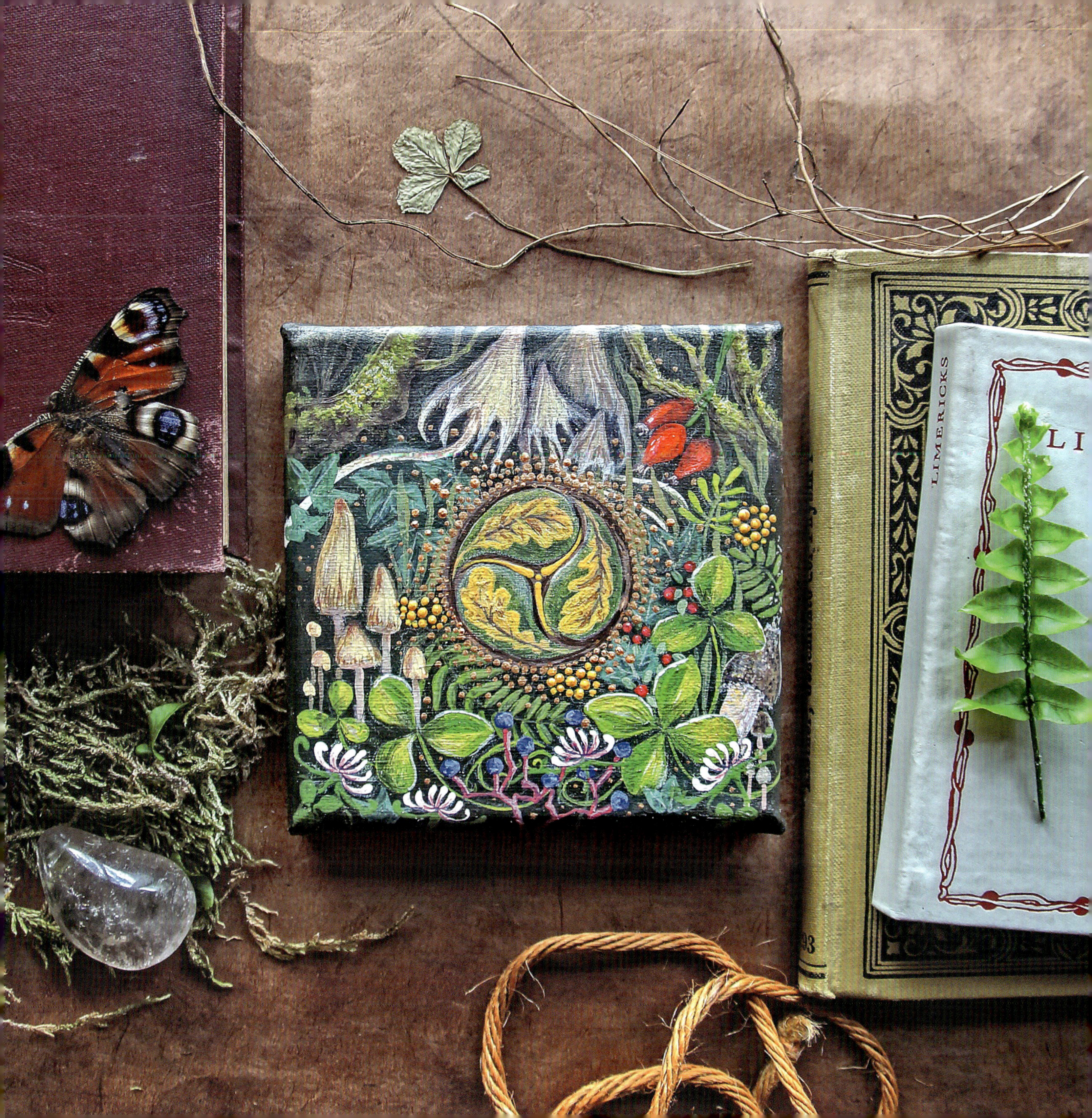
LIMERICKS

Los geht's

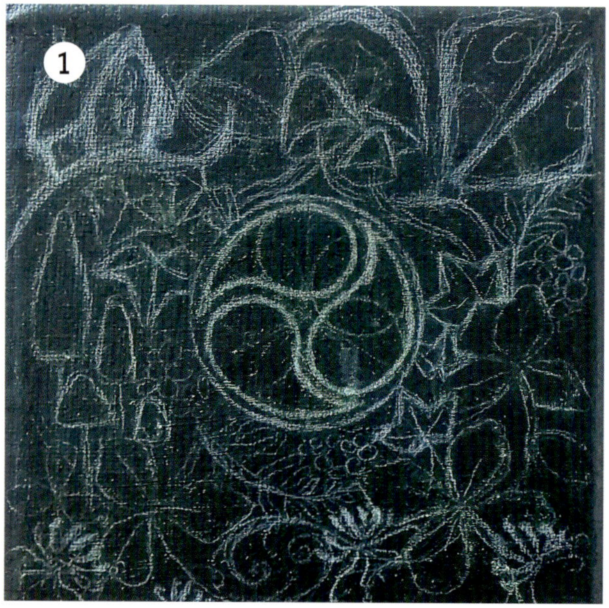

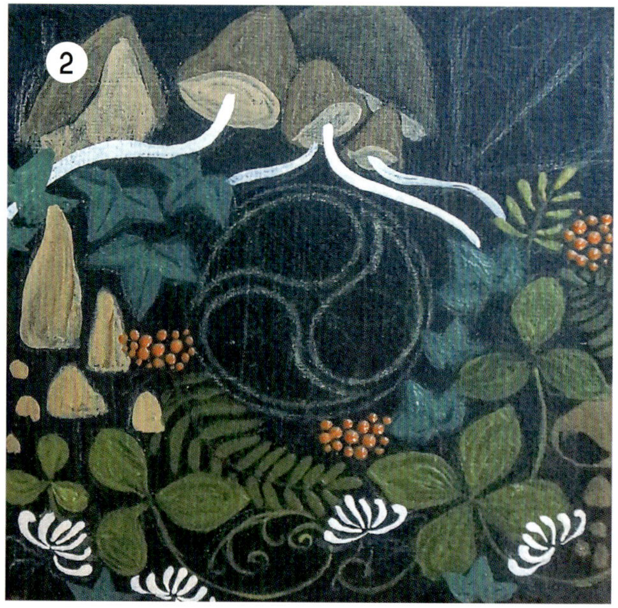

SCHRITT 1

Zuerst grundierst du mit Dunkelgrün die gesamte Leinwand. Die Komposition skizzierst du mit einem weißen Buntstift auf der getrockneten Leinwand. Die Triskele konstruierst du in der Mitte der Leinwand wie im Kapitel „Technik" (S. 16) beschrieben und zeichnest sie ebenfalls mit dem weißen Buntstift vor. Arrangiere Kleeblätter und -blüten, Efeublätter sowie Pilze in verschiedenen Formen als Gruppe und einzeln um die Triskele herum. Achte darauf, dass das Arrangement eine schöne Dichte bekommt und sich große und kleine Formen abwechseln. Lass es nicht zu gleichförmig aussehen.

SCHRITT 2

Mit passenden Farben malst du nun die Elemente aus. Verwende dafür vorerst die Grundfarben ohne Rücksicht auf Schattierung und Textur, um die Formen zu füllen. So lässt sich die grundlegende Farbkomposition erkennen, und auch der Kontrast von hellen und dunklen Farben kann besser beurteilt werden. So sehe ich, ob die Komposition auch in ihrer Farbigkeit funktioniert.

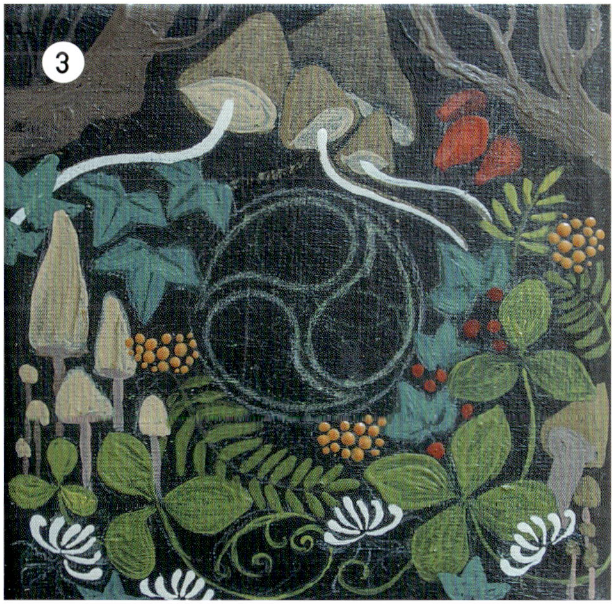

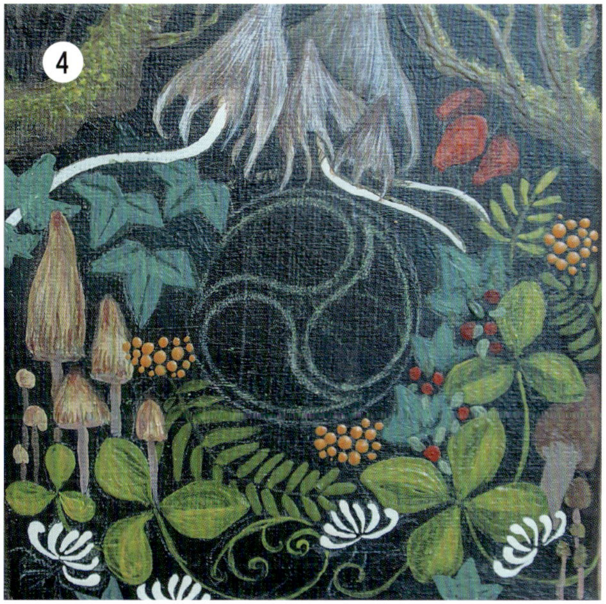

SCHRITT 3

In diesem Beispiel habe ich das angedachte Häuschen oben in der linken Ecke wieder übermalt. Aus kompositorischer Sicht war es zu dominant, und ich habe es gegen Baumstrukturen ausgetauscht. Ein ganz wichtiger Aspekt in der Malerei ist für mich, unbedingt auf die Intuition oder das Bauchgefühl zu hören und dem nachzugehen. Jetzt arbeitest du noch die roten Elemente ein, um zu prüfen, ob sie farbig stimmig sind. Sieht die Farbkomposition harmonisch aus, geht es an die Ausarbeitung der Elemente.

SCHRITT 4

Nun ist ein wenig Geduld und Übung gefragt: Mische dir von den jeweiligen Grundfarben, die du wahrscheinlich noch auf der Palette hast, helle und dunklere Farbtöne an. Das kann eine Weile dauern, ist aber eine wichtige Vorbereitung, um dann zügig arbeiten zu können. Nun beginnst du damit, Blattadern und die Hälften der Kleeblätter zu definieren. Benutze dafür einen feinen Rundpinsel.

Weiter geht's

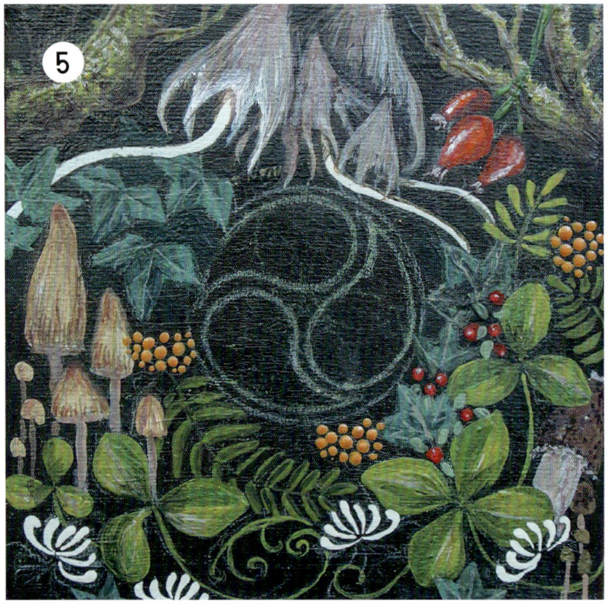

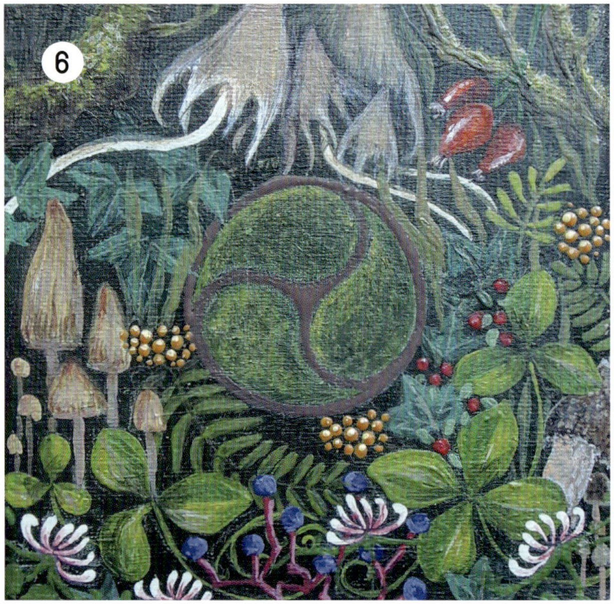

SCHRITT 5

So verfährst du auch mit den Pilzen. Mit Nuancen aus Ocker und Braun kannst du die Pilzhüte modellieren und feine Linien für die Texturierung einarbeiten und auch bei Bedarf noch die Formen anpassen. Auf die Bäume tupfst du mit einem dünnen Pinsel vorsichtig Gelb- und Grüntöne, um eine Moosschicht erahnen zu lassen. Den Beeren gibst du ein paar Tupfen von hellen Akzenten. So bekommen sie eine schöne Leuchtkraft.

SCHRITT 6

Nun wird die Triskele ausgearbeitet. Ich entscheide mich dazu, sie mehr illustrativ als abstrakt umzusetzen und gebe den drei Innenbereichen eine dunkelgrüne moosige Textur. Dafür verfährst du so, wie du die Moosschicht auf den Bäumen getupft hast. Die Außenlinien bekommen ein Graubraun in der Farbe der Pilze. Ein paar weitere Beeren als Farbakzente in Blau und Weinrot runden das Arrangement ab.

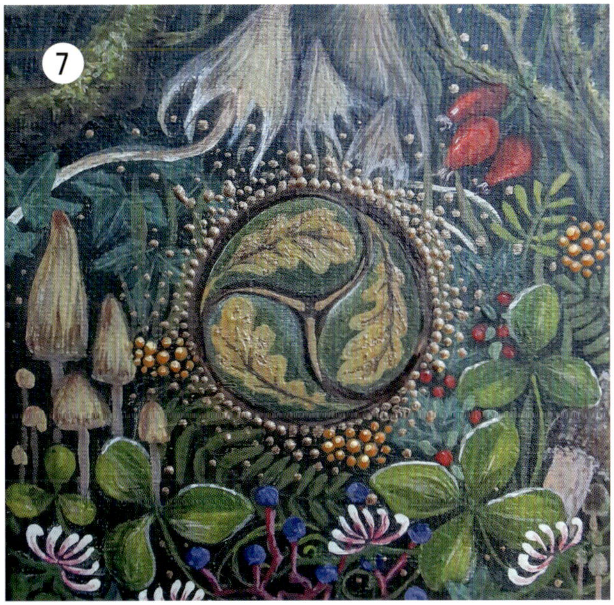

fertig!

SCHRITT 7

Im letzten Schritt malst du Eichenblätter auf die Moostextur der drei Innenbereiche der Triskele. Diese passen thematisch gut zum Rest des Bildes. Mittels der Dot-Painting-Technik umrandest du die Außenkante der Triskele mit kupferfarbenen Punkten. Diese „schweben" nach außen in alle Bereiche des Bildes. Ein paar helle Linien in Ocker und Kupfer akzentuieren die Triskele.

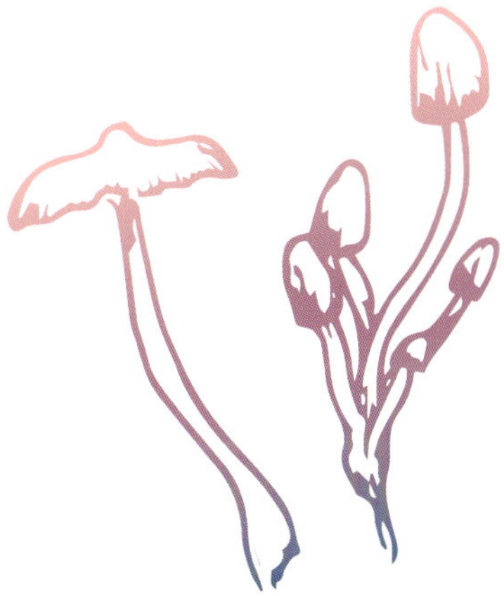

STILLE der Nacht

»LAUSCHE DER STILLE UND BEGEGNE DIR SELBST.«

Dieses Bild nimmt dich mit seinen tiefen Blautönen mit in die Stille der Nacht, wo sich deine Gedanken wegbewegen können vom alltäglichen Lärm des Lebens. Sie tragen dich hinaus in den Zauber eines vom Mondlicht beschienenen Waldes. Träume dich an einen Rückzugsort voller Wärme und Behaglichkeit und lausche dem Wiegen und Rauschen der Bäume. Spüre, wie sich dein ganzes Sein in einen Zustand von Ruhe und Frieden einschwingt.

Material

Leinwand: 12 x 12 cm

Pinsel: Acrylpinsel aus Synthetikfaser; kleiner Flachpinsel für die Grundierung; kleine und extra kleine Rundpinsel für die Detailmalerei

Acrylfarben: kühle Nuancen von Blau und Grün, die mit dem Dunkelblau der Nacht verschmelzen. Helle Akzente, die Äste, Rauch und das Haus definieren.

Sonstiges: Vorskizze mit Bleistift auf Papier

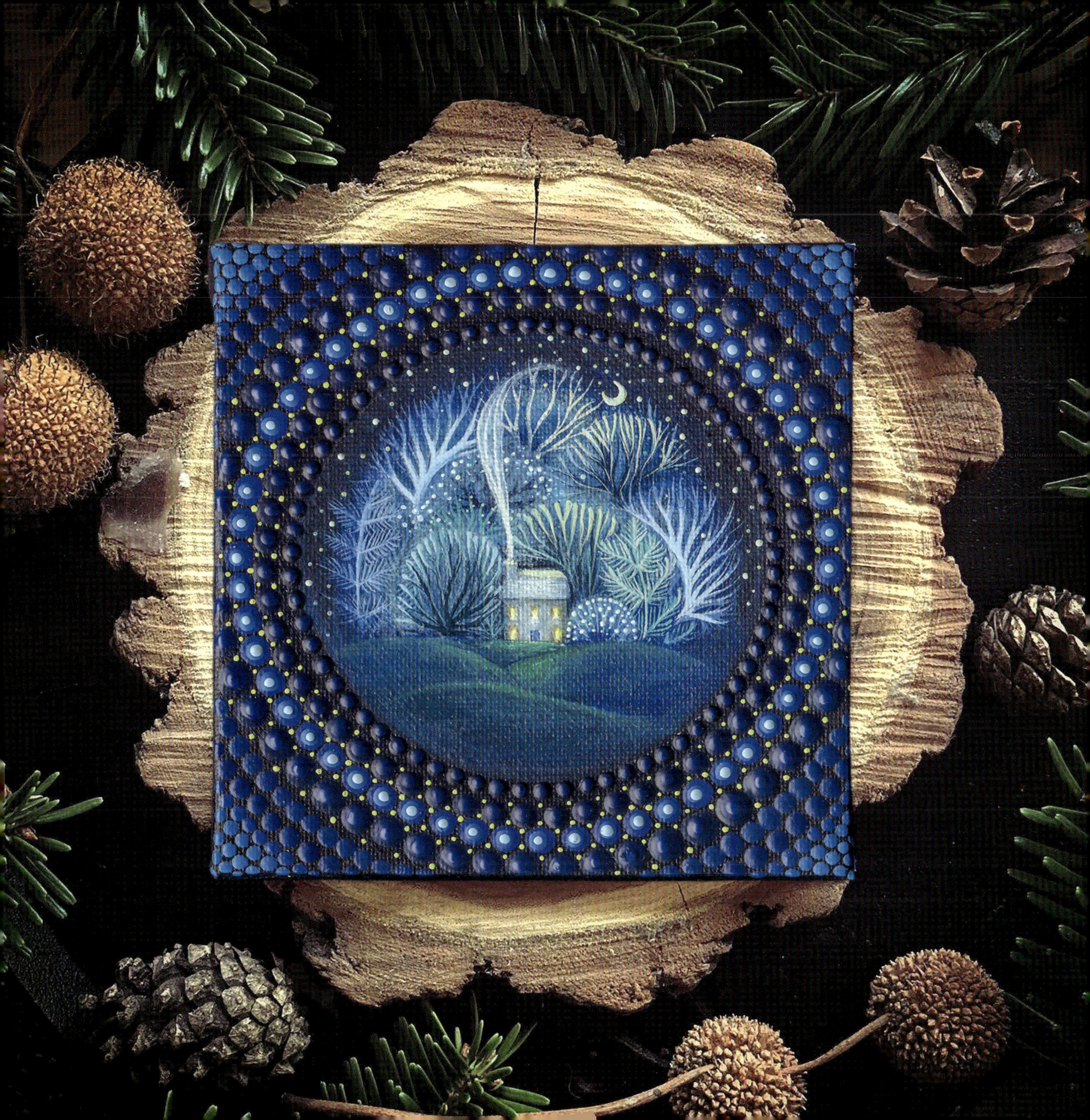

Los geht's

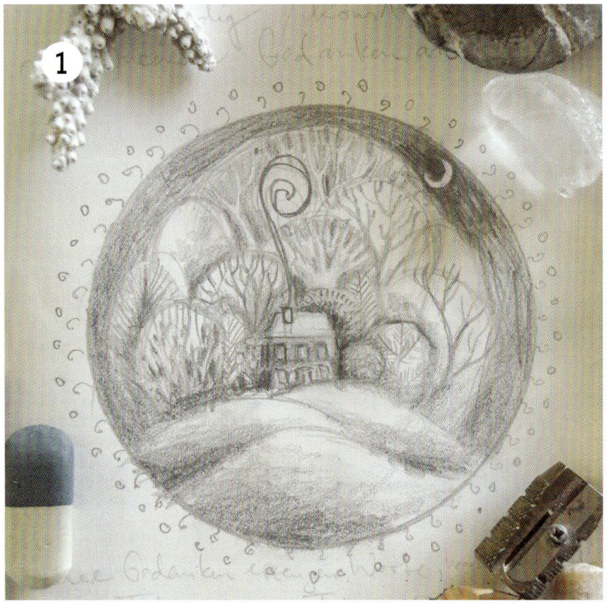

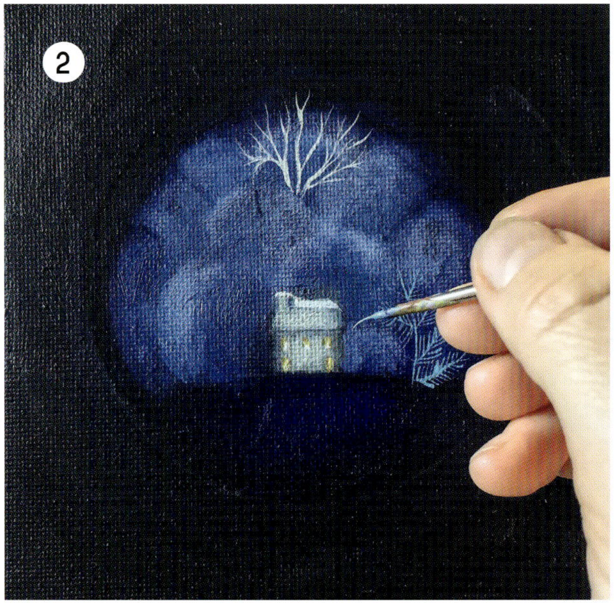

SCHRITT 1

Für dieses Bild habe ich zunächst einen Entwurf der Idee mit Bleistift vorgezeichnet. Eine Schwarz-Weiß-Zeichnung hat den Vorteil, dass man vorab festlegen kann, wo die hellen und die dunklen Bereiche im Bild sein werden, bevor die Farbe dazukommt. Anhand dessen kannst du gut sehen, ob die Komposition funktioniert und wie das Bild wirkt.

SCHRITT 2

Nachdem du die Leinwand in einem sehr dunklen Indigoblau grundiert hast, zeichnest du mittig mit Bleistift einen Kreis auf die Leinwand und lässt dabei einige Zentimeter zum Rand frei. Da der Entwurf schon ausgearbeitet ist, überträgst du die Skizze direkt als Farbentwurf in den Kreis. Dafür nimmst du ein etwas helleres Blau und grenzt grob die Bäume durch helle und dunkle Bereiche voneinander ab. Das Haus arbeitest du gleich detaillierter aus. Dafür benutzt du einen extra feinen Rundpinsel, denn das Format ist sehr klein. Aber gerade darin liegt der Reiz.

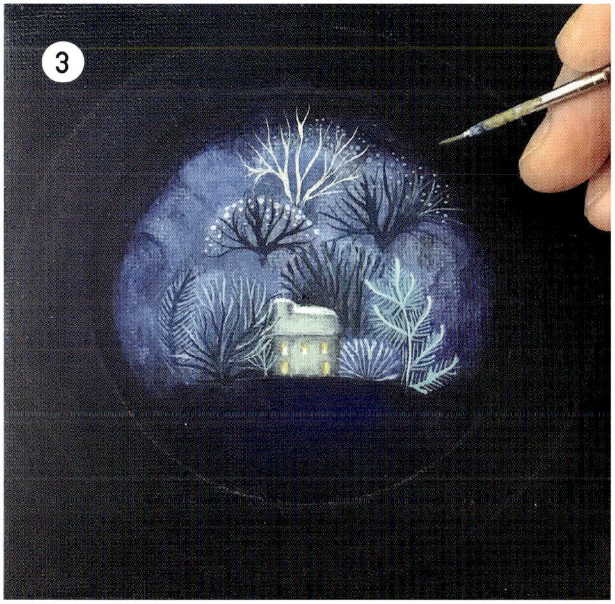

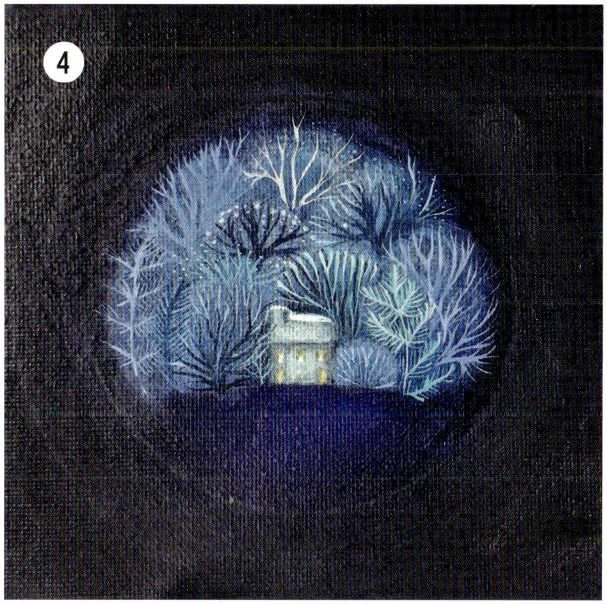

SCHRITT 3

Bis auf die warm gelb erleuchteten Fenster bleibt das Farbspektrum in dunklen, kühlen Nachtfarben. Das ergibt einen schönen Kontrast. Mit dunklem Blauschwarz deutest du die Baumstämme an, mit hellen pastelligen Blau- und Grüntönen malst du die feinen Äste und Highlights in den Baumkronen, die vom Mond angeleuchtet werden.

SCHRITT 4

Indem du einen schönen, abwechslungsreichen Duktus der Linien aus Ästen und Zweigen schaffst, erzeugst du eine lebendige, interessante Komposition. Das Haus ruht in der Mitte, wo das Auge des Betrachters verweilen kann. Finde für den nächsten Schritt deine Kreislinie wieder, die du am Anfang gezeichnet hast.

Weiter geht's

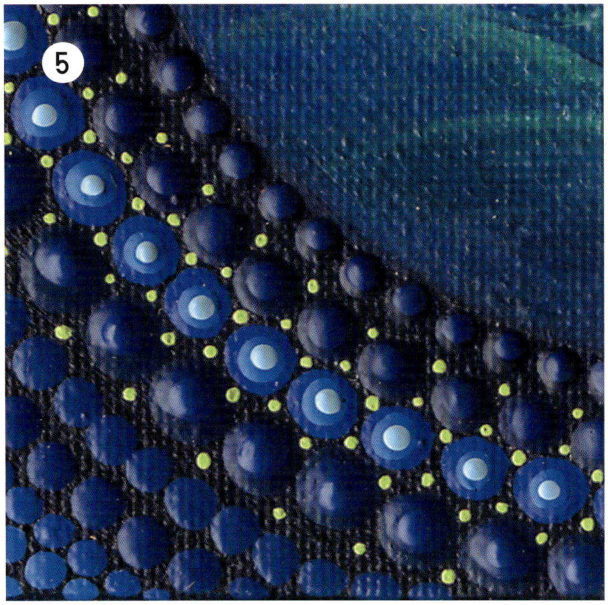

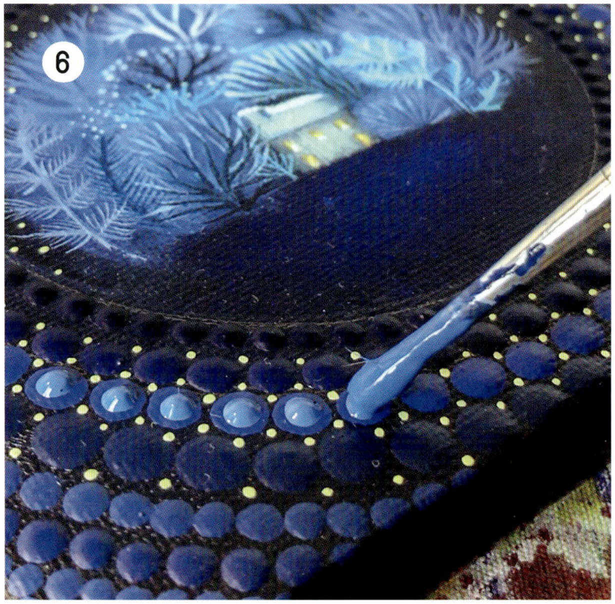

SCHRITT 5

Hier siehst du, wie ich das Dot-Muster angelegt habe. Du kannst natürlich deine eigene Variante kreieren. Damit die Dot-Painting-Technik gelingt, lies im Technik-Kapitel nach, wie du perfekte Punkte erzeugen kannst. Die erste Reihe beginnst du mit einem dunklen Blau direkt an der Kreislinie. Alle weiteren Reihen bauen auf diese erste Reihe auf. Deshalb achte hier besonders auf gleichbleibende Abstände und Größe der Punkte. Bei der zweiten Reihe setzt du die Punkte genau in die Zwischenräume der Punkte aus der ersten Reihe. Mit jeder Reihe kannst du die Punkte größer werden lassen. In den Ecken lässt du die Punkte nach außen heller werden, so ergibt sich ein Verlauf.

SCHRITT 6

Ist die erste Lage getrocknet, kannst du nun noch die Punkte aufbauen, indem du sie besonders hervorhebst. Dafür suchst du dir eine Reihe aus und mischst ein helleres Blau an. Auf jeden Punkt wird nun ein kleinerer hellerer aufgetropft. Achtung: Suchtgefahr! Damit kann ich meistens nicht aufhören, es ist wie eine Mal-Meditation.

fertig!

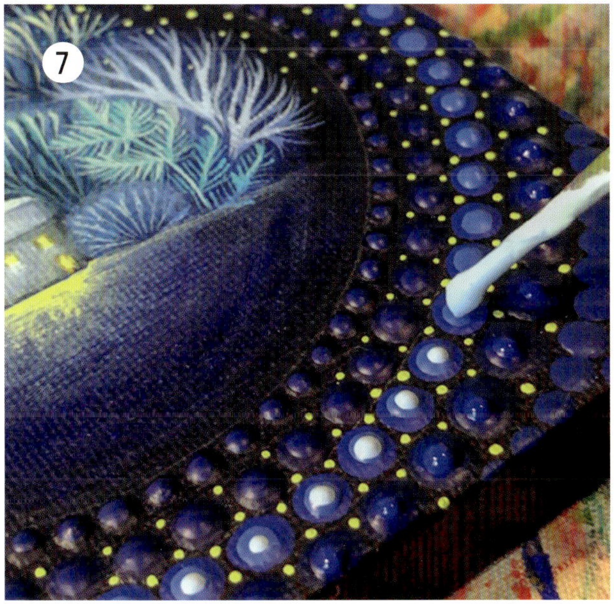

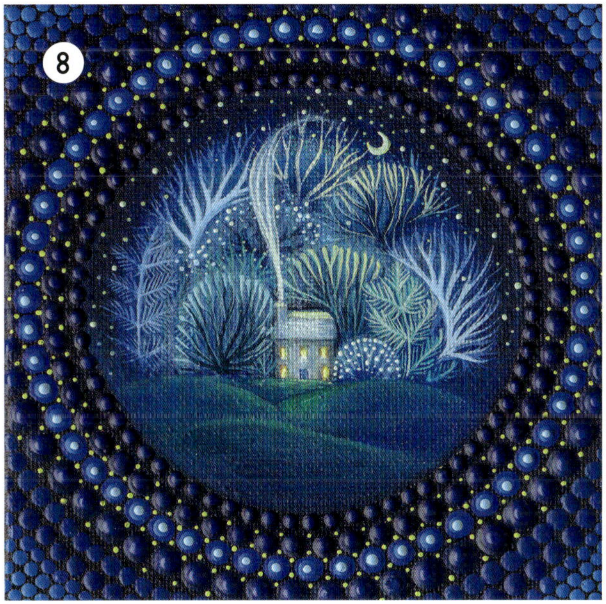

SCHRITT 7

Ist diese Lage getrocknet, nimmst du Weiß mit einem leichten Blaustich und setzt damit ein letztes kleines Highlight auf jeden Punkt. So „ploppen" die Punkte heraus und ergeben einen 3-D-Effekt.

SCHRITT 8

Zum Schluss gibst du der Wiese vor dem Haus noch sanfte Konturen und fügst Mond, Sterne und die Rauchwolke des Schornsteins hinzu.

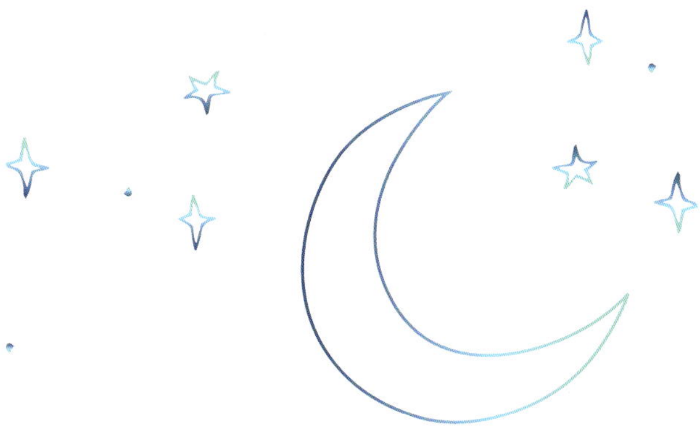

BLUMIGER Midsommar

»GENIEẞE DIE FÜLLE UND SCHÖNHEIT DER NATUR!«

Um die Mittsommernacht herum hat die Natur ihren Höhepunkt erreicht, und alles steht in voller Blüte. Die Natur kann nun mit allen Sinnen wahrgenommen werden. Es ist eine Zeit voller Magie und Mysterien: Pflanzen werden heilende Kräfte zugeschrieben, und einen Blumenkranz zur Sommersonnenwende im Haar zu tragen, ist ein altes Symbol für Wiedergeburt und Fruchtbarkeit. Dieses kleine Blumenmandala erinnert an diese schöne Tradition und daran, die Blütenpracht des Sommers in vollen Zügen zu genießen.

Material

Leinwand: 7,5 x 7,5 cm

Pinsel: Acrylpinsel aus Synthetikfaser; mittelgroßer Flachpinsel für die Grundierung; extra kleiner Rundpinsel für die Details

Acrylfarben: ein mildes Türkis für die Grundierung, warme und kühle Grüntöne, Weiß für Blüten und Highlights

Sonstiges: Vorskizze mit weißem Buntstift und Kreisschablone

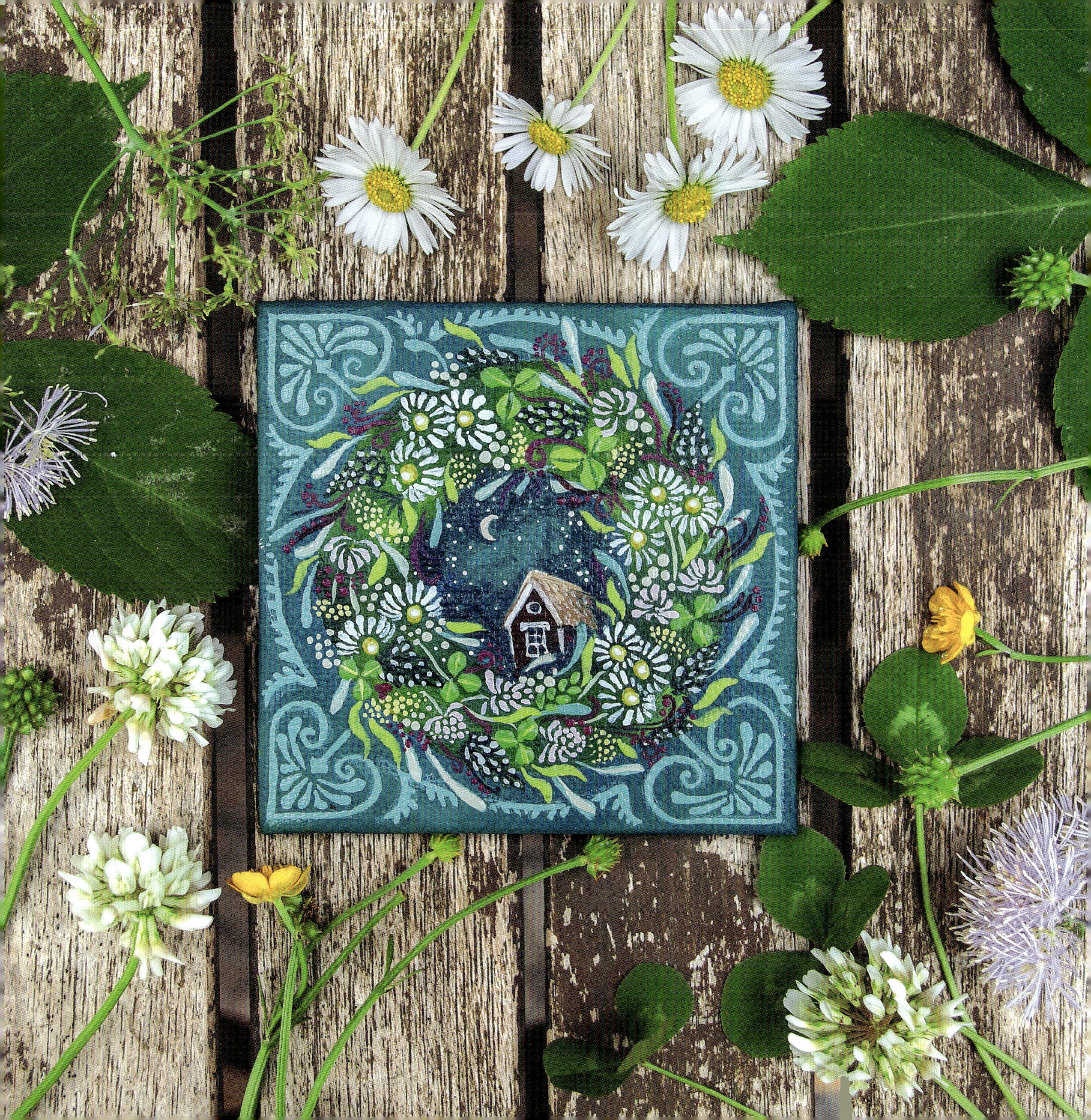

Los geht's

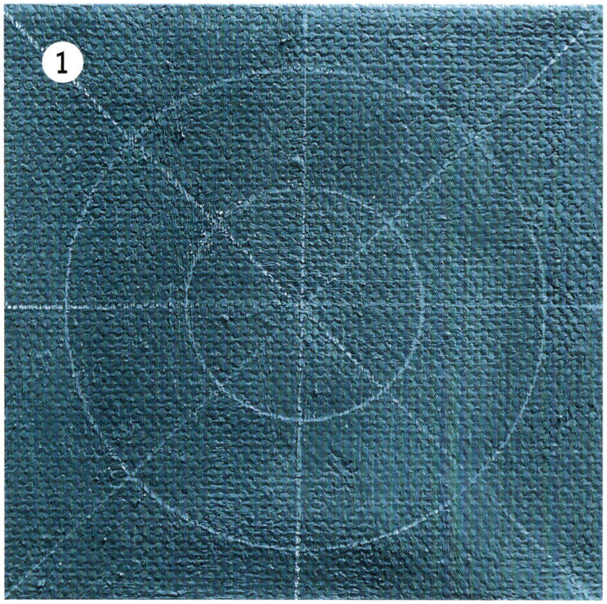

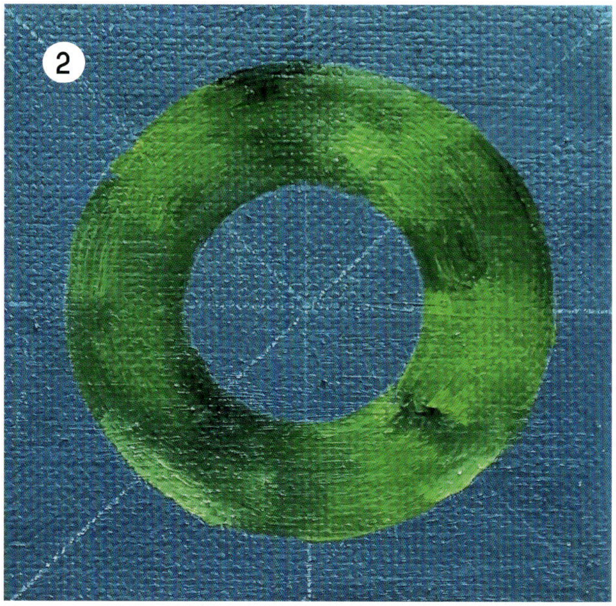

SCHRITT 1

Grundiere zunächst die Leinwand mit Türkis. Es sollte nicht zu intensiv sein. Markiere dir nach der Trocknung den Mittelpunkt der Leinwand und zeichne die diagonalen sowie die horizontale und vertikale Symmetrieachse ein. Benutze dafür einen weißen oder hellen Buntstift, der auf der Grundierung gut erkennbar ist. Zeichne zwei Kreise mit einem Abstand von ca. 3 cm ebenfalls mit dem Buntstift.

SCHRITT 2

Nun grundierst du den Zwischenraum der beiden Kreise mit unterschiedlichen Grüntönen. Es sollten ein paar helle und dunkle Bereiche dabei sein, die sich gut voneinander abheben. Ich habe dafür einen kleineren Flachpinsel verwendet, da es ganz grob sein darf.

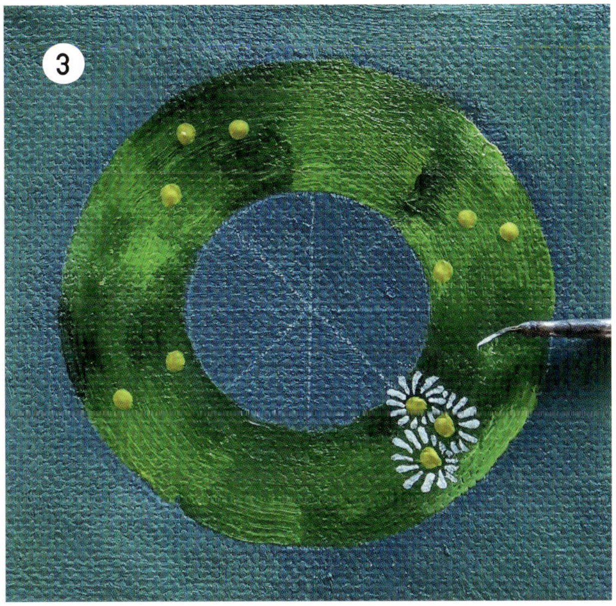

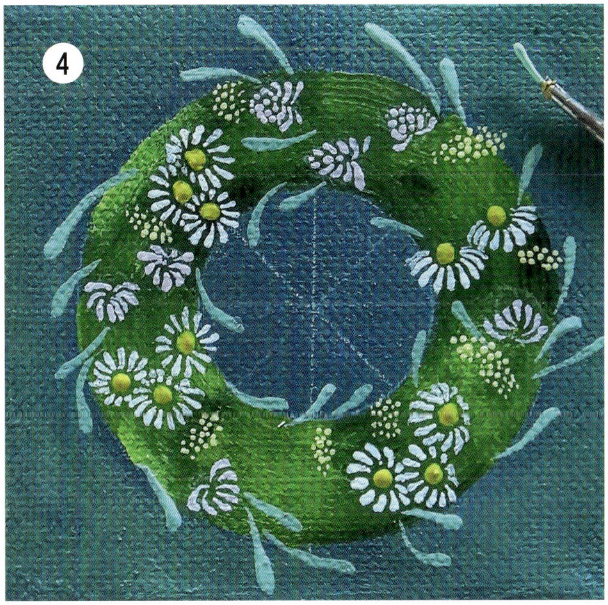

SCHRITT 3

Ist die Grundierung trocken, beginnst du mit den Blüten. Verteile locker ein paar gelbe Punkte und male anschließend mit einem extra feinen Rundpinsel die weißen Blüten der Gänseblümchen darum herum. Verteile sie primär auf dem grünen Streifen.

SCHRITT 4

Mit einem extra dünnen Rundpinsel verteilst du nun weitere gepunktete Blüten in zarten Rosa- und Gelbtönen. Außerdem arrangierst du kleine längliche Blätter in einem salbeiähnlichen Farbton, die über die Ränder hinausragen. Achte darauf, eine Richtung beizubehalten.

Weiter geht's

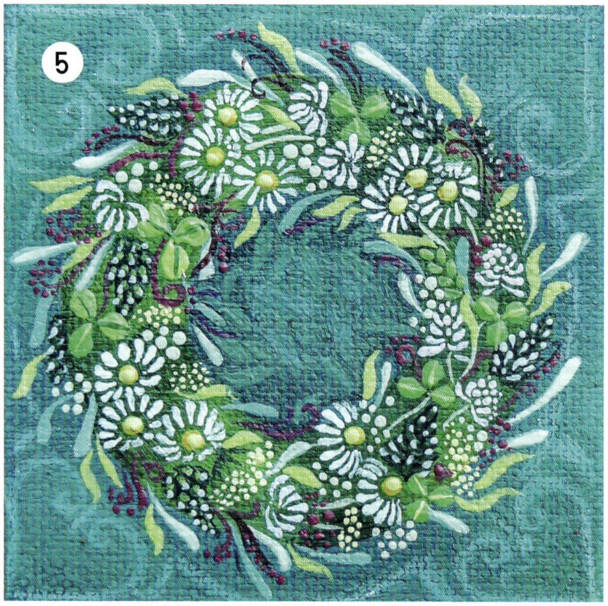

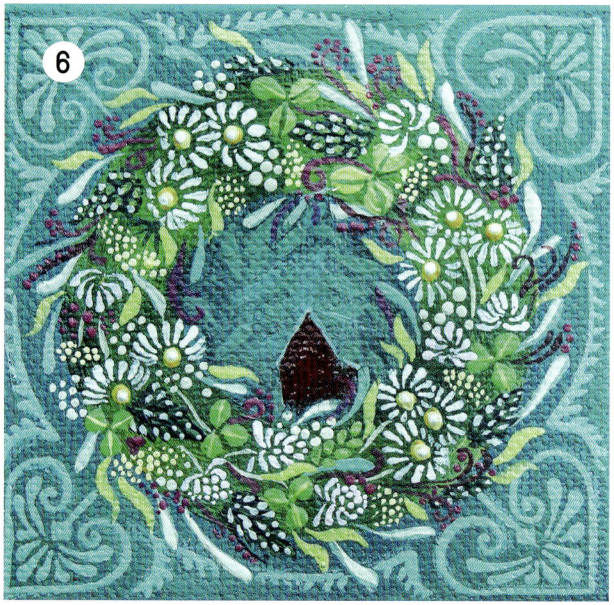

SCHRITT 5

Komplettiert wird der Blütenkranz mit Kleeblättern und kleinen weinroten Akzenten. Achte darauf, dass der gesamte Kranz schön ausgewogen gefüllt ist, aber nicht zu überladen wirkt. Du kannst natürlich bei der Wahl der Blüten- und Blattformen frei variieren. Mit dem weißen Buntstift zeichnest du noch ein kleines einfaches Muster in die Ecken vor.

SCHRITT 6

Mit einer helleren Türkis-Nuance als die Grundierung male ich das Muster in den Ecken mit einem feinen Rundpinsel nach. Es sollte nicht zu sehr im Vordergrund stehen, damit der Blütenkranz im Fokus bleibt. Abgerundet wird das Bild mit einem kleinen Häuschen im Inneren des Blütenkranzes. Platziere es so in die untere Ecke, dass es etwas verdeckt bleibt. Male Giebel und Dach grob vor und warte, bis es getrocknet ist.

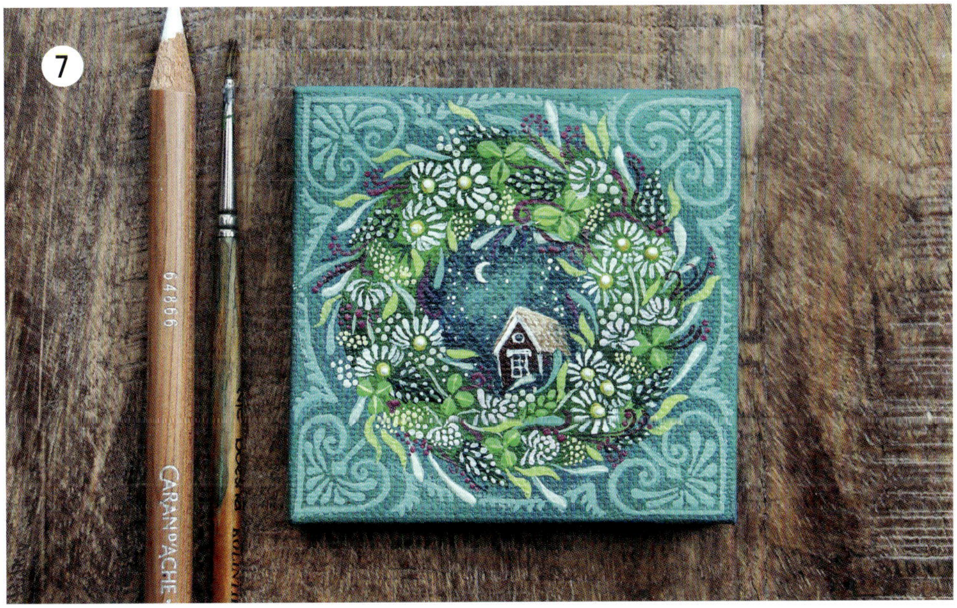

fertig!

SCHRITT 7

Zuletzt malst du mit einem extra feinen Rundpinsel die Details des Hauses mit Weiß, und wenn du magst, fügst du noch einen kleinen Mond und Sterne hinzu. Dafür habe ich vorher den Innenbereich etwas abgedunkelt, damit die Sterne besser leuchten.

TREUE Begleiter

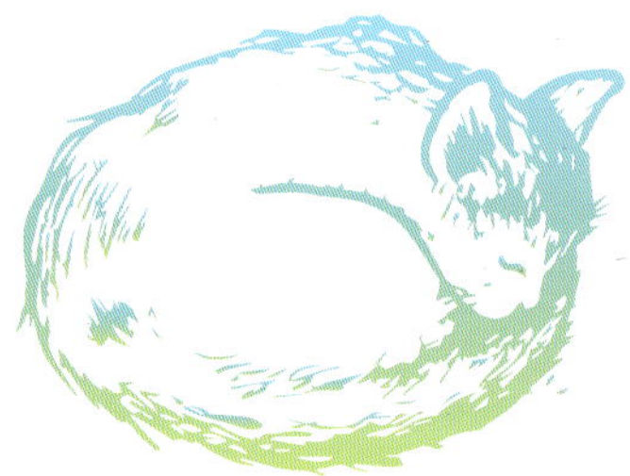

»IM KREISLAUF DES LEBENS«

Tiere sind uns Freunde und treue Begleiter. Sie schenken uns bedingungslos ihre Liebe und ihr Vertrauen. Das macht die Beziehung zu einem Tier so kostbar und einzigartig. Oft wird uns die innige Verbindung erst im Moment des Abschieds bewusst. Während der Entstehung dieses Buches musste ich Abschied von einer geliebten Katze nehmen. Dieses Bild einer magisch leuchtenden Nacht und der Triskele in warmen Gold- und Kupfertönen als Symbol von Leben – Tod – Wiedergeburt ist eine Hommage an sie.

Material

Leinwand: 20 x 20 cm

Pinsel: Acrylpinsel aus Synthetikfaser; mittelgroßer Flachpinsel für die Grundierung; Rundpinsel verschiedenster Größen für die Detailmalerei, feine Rundpinsel für das Dot-Painting

Acrylfarben: Blaugrün und Gelbgrün, dazu erdige Farbtöne wie dunkler und lichter Ocker, sowie Kupfer und Gold für die Highlights

Sonstiges: weißer Buntstift für die Vorzeichnung

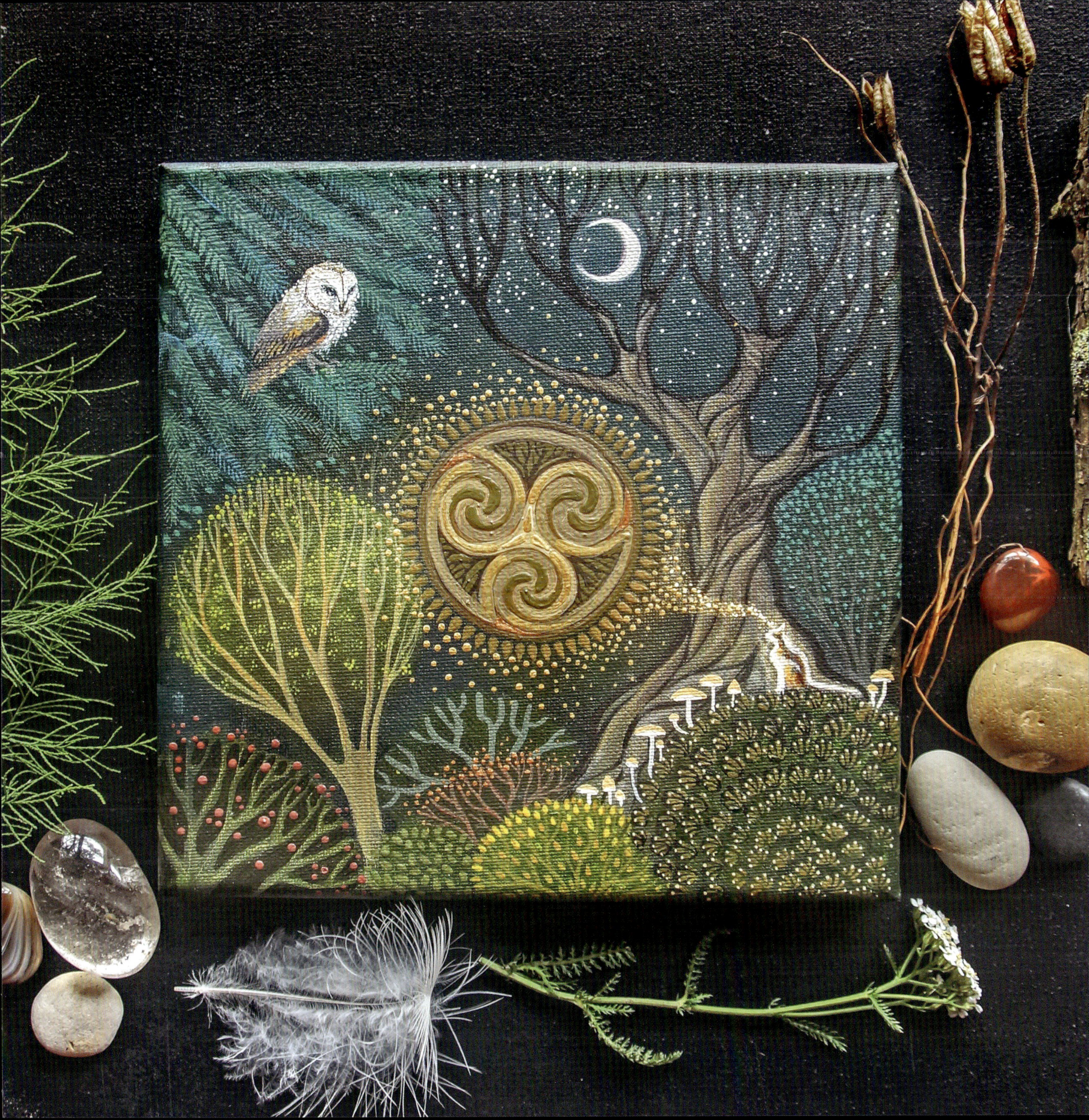

Los geht's

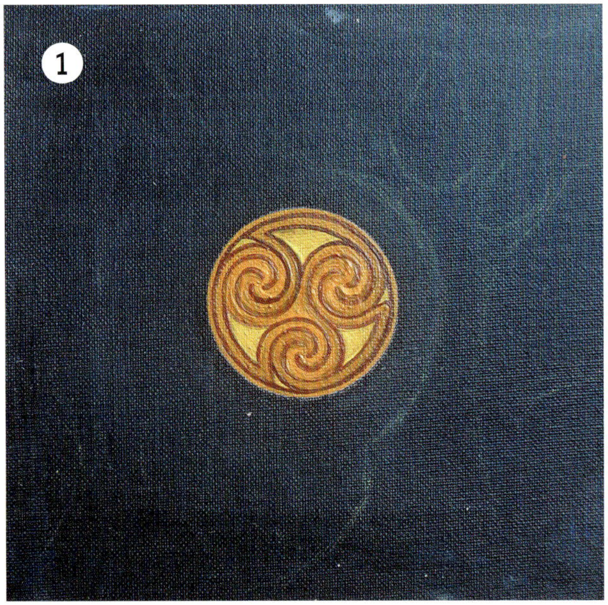

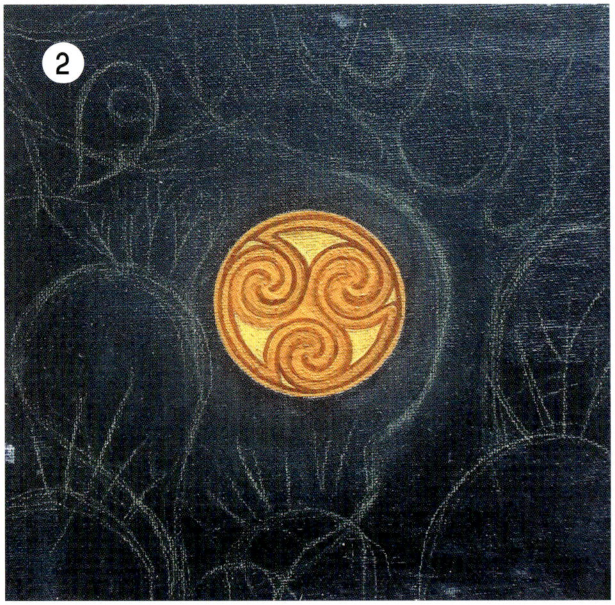

SCHRITT 1

Zuerst grundierst du mit einer Mischung aus Indigo und Dunkelgrün die gesamte Leinwand. Sowohl die Grüntöne als auch die erdigen Töne entfalten auf einem dunklen Hintergrund später eine schöne Leuchtkraft. Die Triskele konstruierst du nach der Trocknung der ersten Farbschicht, wie im Kapitel Technik beschrieben. Zur besseren Orientierung habe ich rechts schon grob den Baum skizziert. Male die Triskele in kräftigen Orange- und Gelbtönen nach.

SCHRITT 2

Die weitere Komposition skizzierst du nach der Trocknung mit einem weißen Buntstift auf die Leinwand.

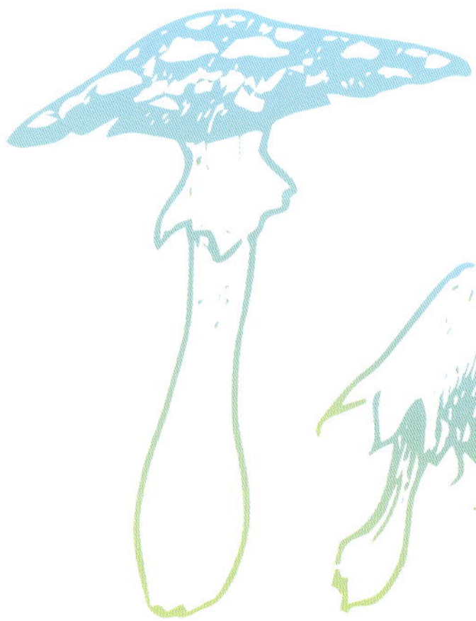

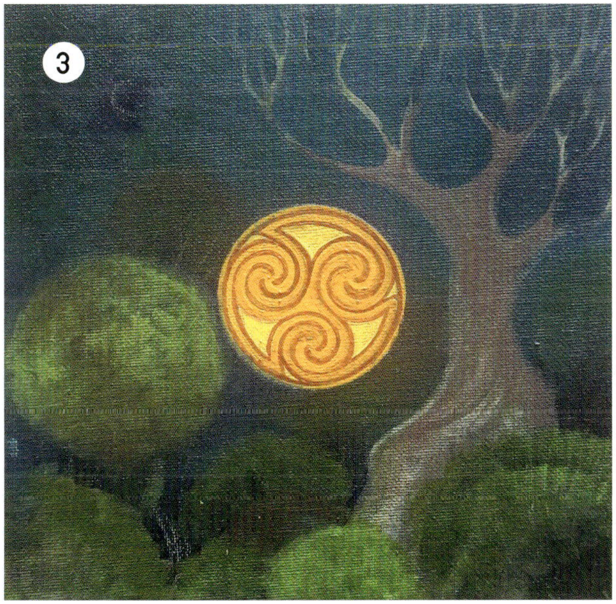

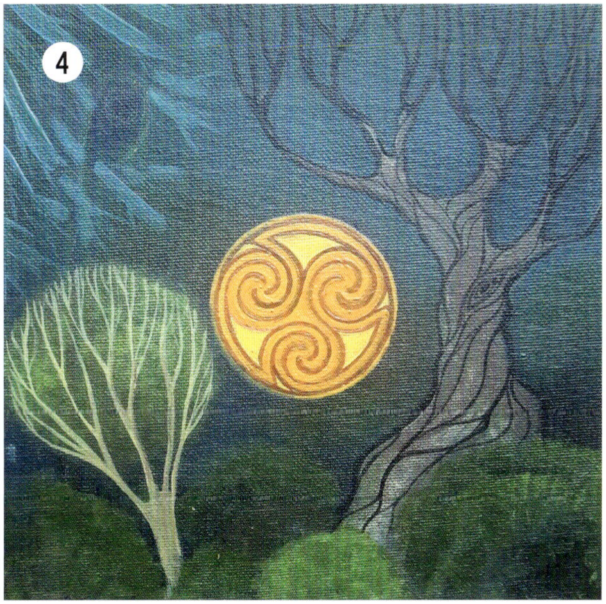

SCHRITT 3

Mit Grün- und Brauntönen und einem mittelgroßen Flachpinsel malst du grob die Komposition nach. Es geht vorrangig um die Formgebung und darum, zu sehen, ob die Komposition stimmig ist. Wichtig ist ein ausgewogenes Spannungsverhältnis zwischen großen und kleinen Formen und wie sie angeordnet sind. Beobachte und folge deiner Intuition.

SCHRITT 4

Im linken oberen Teil des Bildes stelle ich mir vor, wie Tannenzweige ins Bild ragen, auf denen eine Eule sitzt. Die Zweige malst du mit einem bläulichen Grün mit groben Strichen vor. Dazu benutzt du einen Flachpinsel. Mit einem feineren Rundpinsel und Dunkelbraun malst du in den rechten Baum dünne geschwungene Linien, die die gewundene Wuchsform des Holzes nachempfinden. Für das Geäst des linken Baumes benutze ich helles Ocker und einen feinen Rundpinsel.

Weiter geht's

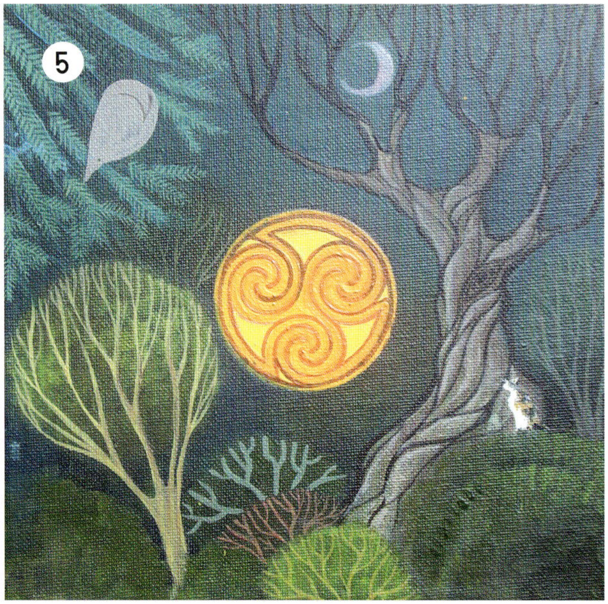

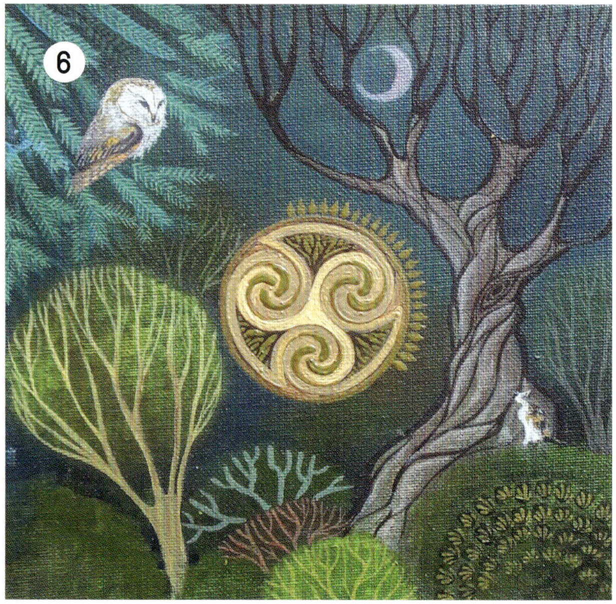

SCHRITT 5

Im nächsten Schritt beginnt die Detailmalerei. In verschiedenen Farbtönen malst du die Blätter und Verzweigungen der Büsche sowie weitere Bäume im Hintergrund. Finde hier deine eigene Weise, diese zu stilisieren und bleib dabei. So erzielst du eine schöne Textur mit einem charakteristischen Duktus. Jetzt kannst du auch schon grob die Eule, den Mond und die Katze platzieren.

SCHRITT 6

Zu diesem Zeitpunkt ist die Farbstimmung des Bildes fertig, und du kannst die Triskele nun farblich anpassen. Erdige Braun-, Grün- und Ockertöne korrespondieren mit den anderen Elementen des Bildes, sodass sich die Triskele harmonisch einfügt. Auch hier kannst du kleine Astelemente einarbeiten. Mit einem Kranz aus stilisierten Blättern schaffst du einen Übergang zwischen Symbol und Landschaft.

fertig!

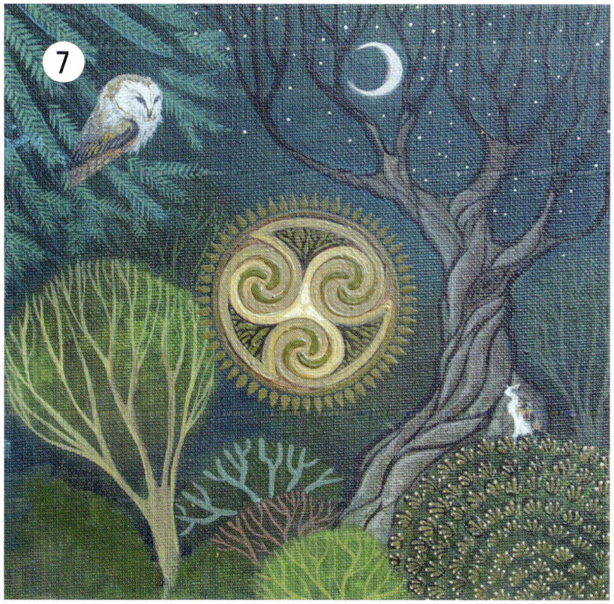

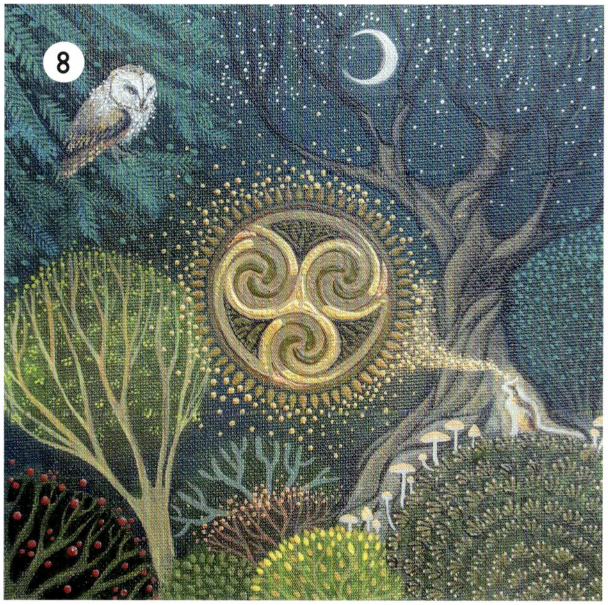

SCHRITT 7

Es folgt die Ausarbeitung der Eule. Mit einem feinen Rundpinsel deutest du Flügel und Federn an. Achte darauf, auch hier im verwendeten Farbspektrum zu bleiben, damit sich alles gut in die Farbkomposition integriert. Auch ist es wichtig den Duktus beizubehalten und sich nicht in der Ausarbeitung der Details zu verlieren. Manchmal sind Andeutungen charmanter als eine vollendete Darstellung mit allen Einzelheiten. Das Auge findet es häufig spannender, fehlende Teile zu ergänzen.

SCHRITT 8

Abschließend bringst du das Bild zum Leuchten und verleihst ihm die „Magie", indem du mittels der Dot-Painting-Technik Sterne und goldene Punkte um die Triskele herumsetzt. Auch die Katze bekommt einen leuchtenden Schimmer. Diesen erzeugst du mittels eines kleinen Flachpinsels, den du mit einer Mischung aus Weiß und Gold benetzt. Er muss fast trocken sein. Dann streichst du leicht um die Kontur der Katze bis der gewünschte Schimmer sichtbar wird. Ein Strom aus goldenen und weißen Pünktchen verbindet die Katze mit dem Symbol. Letzte Farbakzente in den Büschen und ein paar Pilze geben dem Bild den finalen zauberhaften Anstrich.

DER geheime Garten

»LASS DEN MOMENT ZUR EWIGKEIT WERDEN.«

Komm mit in einen blühenden Garten, wo die Zeit stillzustehen scheint. Im Rausch der Düfte und Farben lässt du deinen Alltag hinter dir, und der Moment dehnt sich zur Ewigkeit aus. Es öffnen sich ungeahnte Fenster in andere Welten.

Material

Leinwand: 30 x 30 cm

Pinsel: Acrylpinsel aus Synthetikfaser; mittelgroßer Flachpinsel für die Grundierung; Rundpinsel verschiedenster Größen für die Detailmalerei

ACRYLFARBEN

Grundierung: Terra Verde, Olivgrün, Indigo

Blätter: Chromgrün, Lichter Ocker, Olivgrün, Indisch Gelb

Blüten: Mauve, Magenta, Lila

Sonstiges: weißer Buntstift, Zirkel oder Kreisschablone

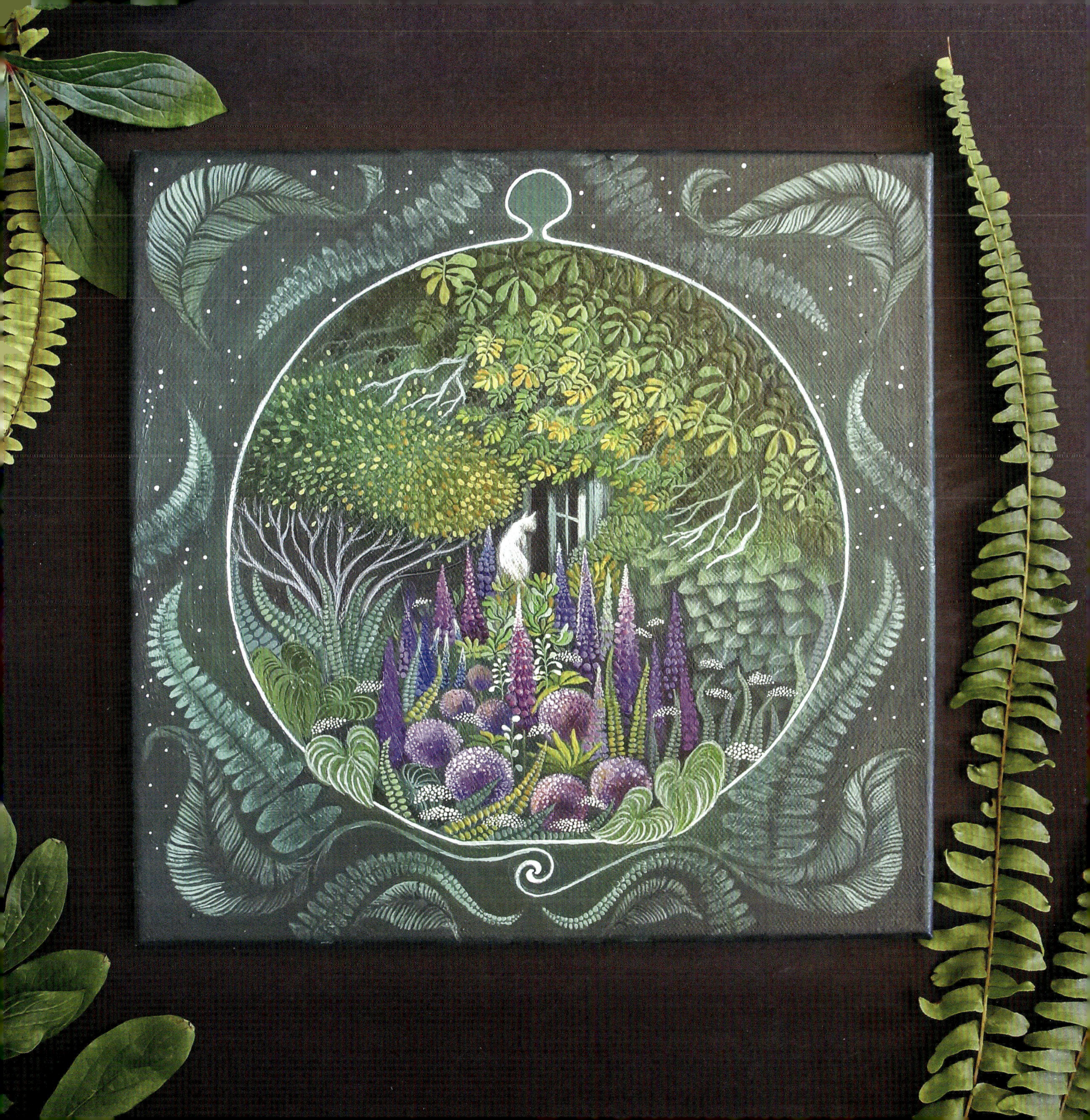

Los geht's

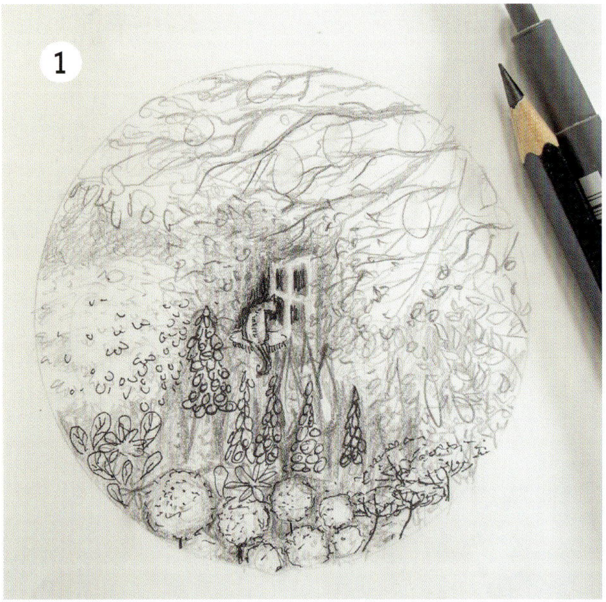

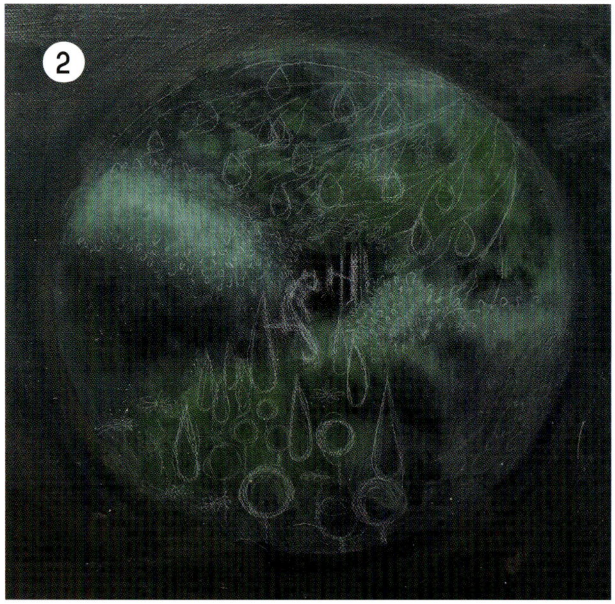

SCHRITT 1

Für dieses Bild hatte ich eine konkrete Idee von einem üppigen Garten, der das Haus in seiner Mitte völlig verdeckt und nur ein offenes Fenster, welches zwischen dem Blattwerk hervorlugt, verrät dessen Existenz. In einer Skizze habe ich mit Bleistift und Fineliner diese Idee festgehalten.

SCHRITT 2

Grundiere mit einer Mischung aus Dunkelgrün (Terra Verde) und Indigo die gesamte Leinwand. Dann malst du zügig mit einem größeren Flachpinsel und einem helleren Olivgrün grob die helleren Stellen der Komposition ein. Wenn alles trocken ist, übertrage darauf die Skizze mit einem weißen Buntstift. Lege sie kreisförmig in der Mitte der Leinwand an und lass zu den Rändern hin ein paar Zentimeter Platz.

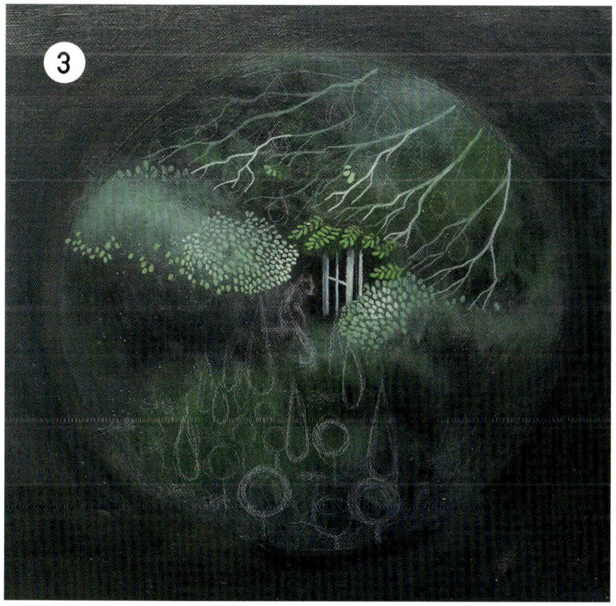

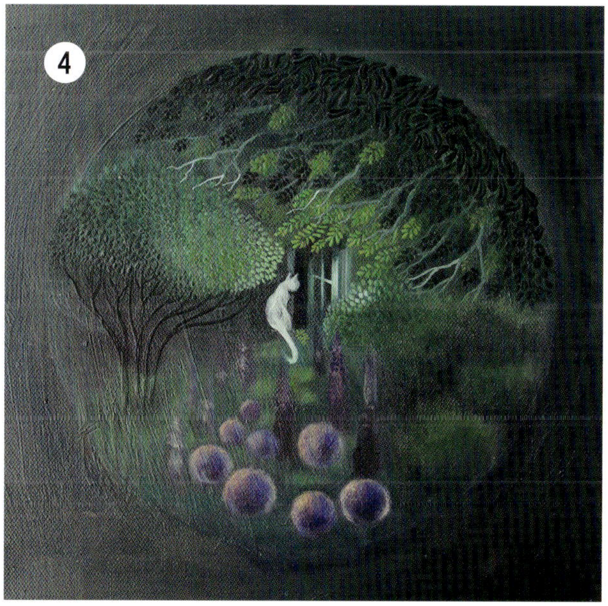

SCHRITT 3

Da das Fenster die hinterste Ebene im Bild darstellt, malst du es mit einem hellen Ton (nicht Weiß) zuerst und arbeitest dann am Blattwerk weiter vom Fenster beginnend nach außen. Dafür benutzt du hellere neutrale Grüntöne, die sich gut von der Grundierung abheben. Die Bewegungsdynamik des Baumes kannst du mit dem Malen der Äste und Zweige festhalten.

SCHRITT 4

Nun kannst du entlang der Äste das Blattwerk malen, das am Fenster heller ist und nach außen hin dunkler wird. Genauso verfährst du mit dem Buschwerk rechts und links vom Fenster. Achte darauf, dass du einen schönen Duktus beibehältst. Damit erzielst du die Dynamik und Lebendigkeit im Bild. Für die Blumen im Vordergrund nimmst du eine Mischung aus Lila, Mauve und Magenta. Achte auf den Lichteinfall und male entsprechend hellere und dunklere Bereiche vor allem auf den kugelförmigen Blüten. Die Katze ist zwar weiß, benutze jedoch nie reines Weiß, sondern mische immer ein wenig der Umgebungsfarben bei.

Weiter geht's

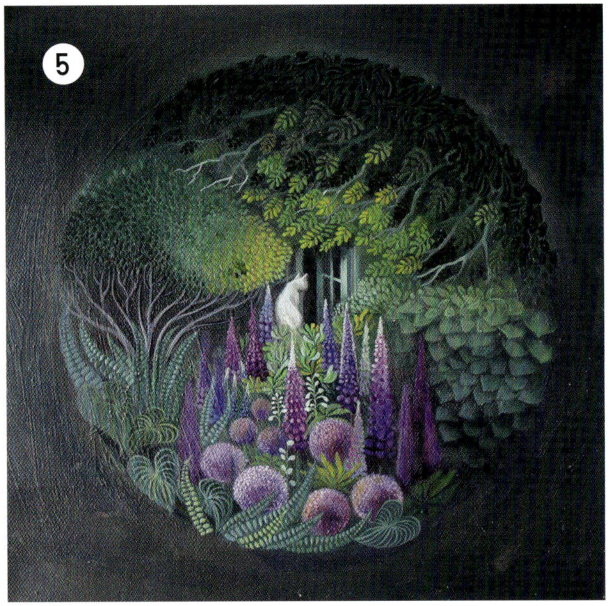

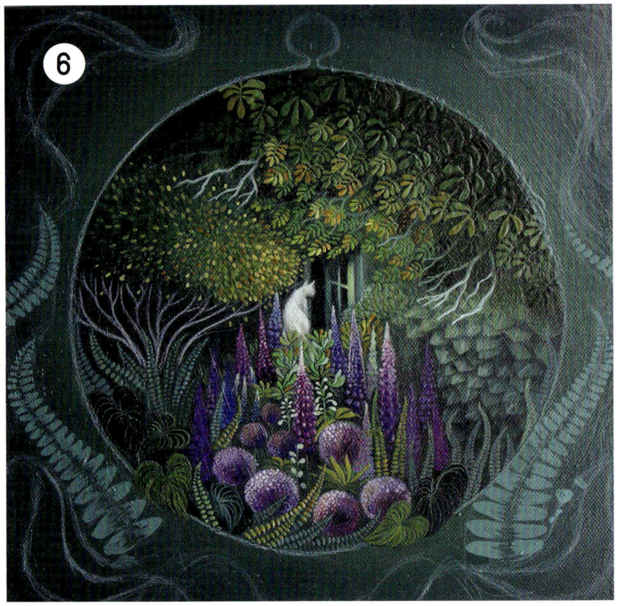

SCHRITT 5

Arbeite nun nach und nach die Details weiter aus. Füge Farne und andere Blätter und Blüten hinzu. Prüfe immer mal wieder, indem du das Bild mit einem Abstand von ein bis zwei Metern betrachtest, ob Formen und Farben miteinander harmonisch wirken und es nicht zu viel wird. Lenke mit der Anordnung der Blumen den Blick des Betrachters in die Mitte zur Katze, die Ränder dürfen etwas ruhiger gestaltet sein.

SCHRITT 6

Wenn du zufrieden mit der Ausarbeitung bist, geht es an die Gestaltung der Ränder. Überprüfe, ob die Kreisform noch erhalten ist, ansonsten malst du mit der Farbe der Grundierung die Kreisform von außen noch einmal nach. Mit einem leicht gedeckten Weiß und einem dünnen Rundpinsel malst du die Form einer Glasglocke mit einer feinen Linie. Dabei orientiere ich mich an der Kreislinie. Nun überträgst du zwei der Blattformen aus dem Bild als Muster auf die Ränder. Achte dabei darauf, dass die Blätter symmetrisch zur Vertikalachse angeordnet sind. Hier verwende ich einen graugrünen Salbeiton.

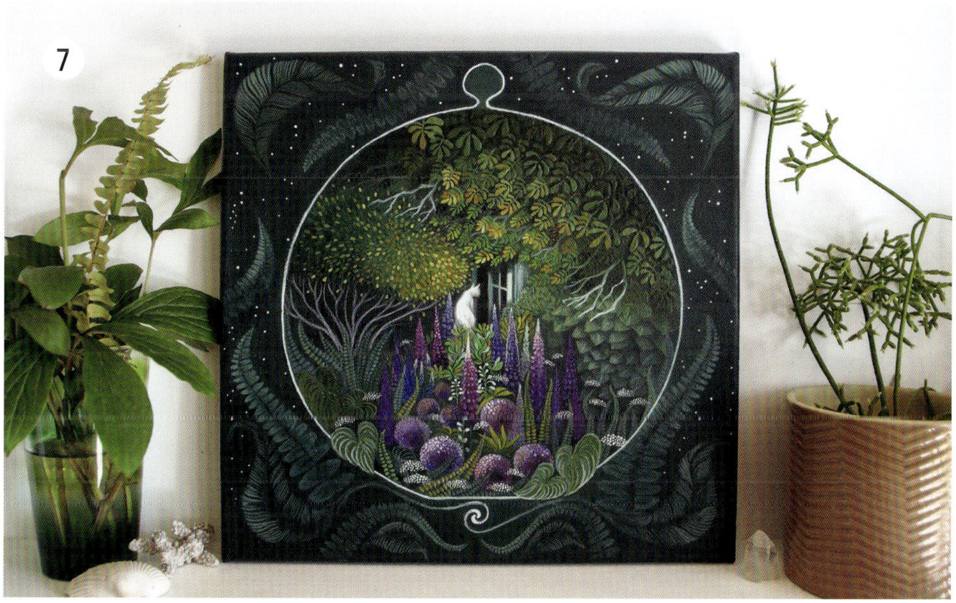

fertig!

SCHRITT 7

Ist die Anordnung der Blattmuster fertig, malst du mit einem feineren Pinsel helle Akzente in die Blattstrukturen hinein. Kleine weiße Pünktchen als Sterne runden das Bild ab.

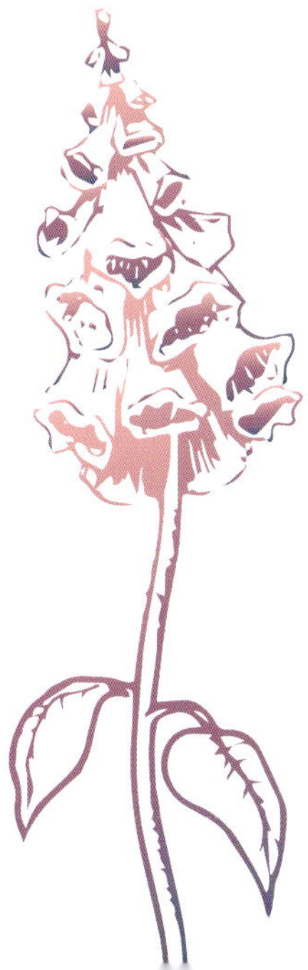

TRÄUMENDER Windfisch

»HÖRE NIEMALS AUF ZU TRÄUMEN.«

Dieses Bild entstand in Anlehnung an die mythologische Figur des Windfisches aus dem japanischen Kultspiel „Die Legende von Zelda". Der Windfisch ist prunkvoll dekoriert unter Anlehnung an die Mandala-Malerei in Kombination mit der Dot-Painting-Technik. Die Wellen orientieren sich am japanischen Kunststil des Künstlers Hokusai, um den kulturellen Hintergrund aufzugreifen. Der Windfisch, der es vermag, träumend Welten zu erschaffen, schaut den Betrachter mit weisen Augen an.

Material

Leinwand: 40 x 40 cm

Pinsel: Acrylpinsel aus Synthetikfaser; mittelgroßer Flachpinsel für die Grundierung; Rundpinsel verschiedenster Größen für die Detailmalerei

Acrylfarben: Die Farben des Meeres; von Tiefblau bis Türkis. Violett- bis Pinktöne bilden farbenfrohe Kontraste. Ein zarter Gelbton setzt Akzente.

Sonstiges: Vorskizze mit Bleistift auf Papier

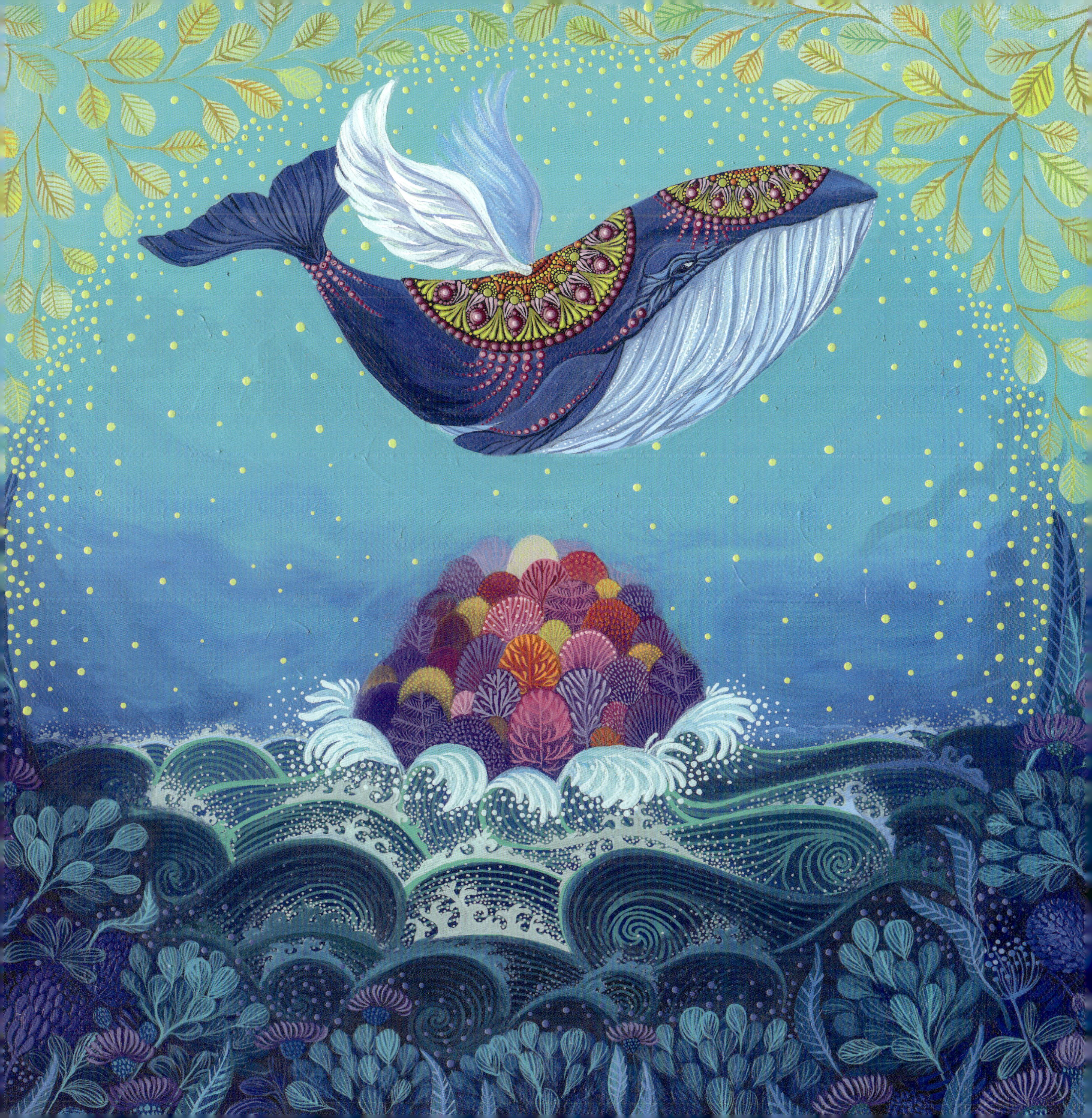

Los geht's

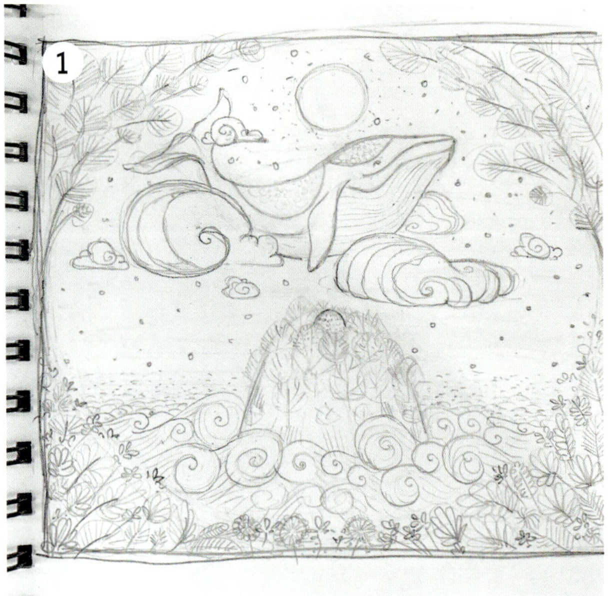

SCHRITT 1

Durch die Vorskizze kläre ich die Komposition, die proportionalen Verhältnisse der Formen zueinander und welche Struktur gebenden Muster der pflanzlichen Elemente gut miteinander harmonieren. Der Windfisch und die Insel sind klarer Mittelpunkt des Bildes. Sie werden exakt auf der vertikalen Mittelachse platziert. Die pflanzlichen Strukturen lege ich am Rand so an, dass sie einen Kreis um das Motiv herum bilden und die Symmetrie unterstreichen.

SCHRITT 2

Zunächst wird die gesamte Leinwand mit einem großen Flachpinsel grundiert: Um einen schönen Verlauf zu erzeugen, setze am unteren Rand einige Kleckse mit Indigoblau, mittig einige Kleckse Ultramarinblau und im oberen Drittel einige Kleckse Türkis. Verarbeite alles zügig mit horizontalen Pinselstrichen, die du lang und gleichmäßig ausführst. Ist die Farbe zu pastos, durchfeuchte den Pinsel etwas mehr mit Wasser. Bist du zufrieden mit dem Farbverlauf, lass alles gut durchtrocknen.

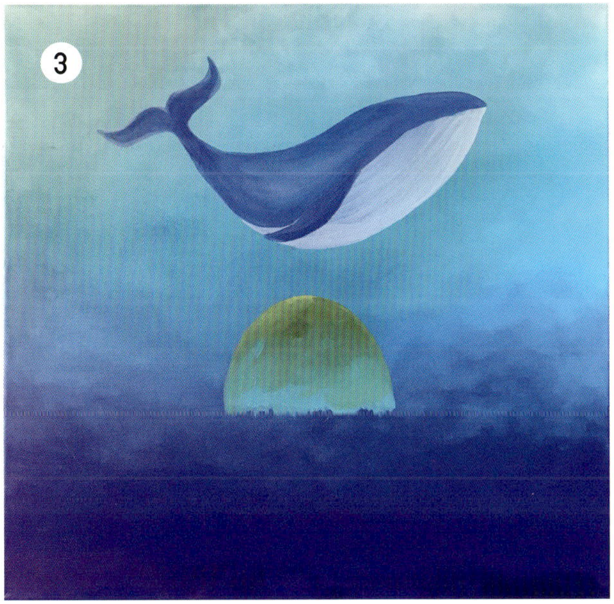

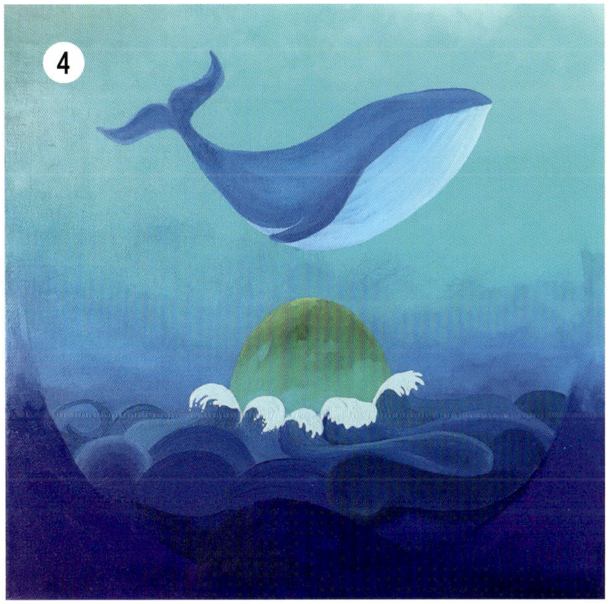

SCHRITT 3

Ermittle die vertikale Mittelachse der Leinwand und male grob die Formen der Insel und des Windfisches mittig darauf. Der helle Bauch des Windfisches kann schon definiert werden.

SCHRITT 4

Nun gestalte den Kreis, den die Pflanzen vom Rand her um das Motiv bilden, indem du dir aus Papier eine passende Kreisschablone schneidest und mit einem hellen Buntstift oder Bleistift den Kreis umreißt. Achte darauf, dass du ihn genau mittig platzierst. Nun kannst du schon die Wellenformen andeuten.

Weiter geht's

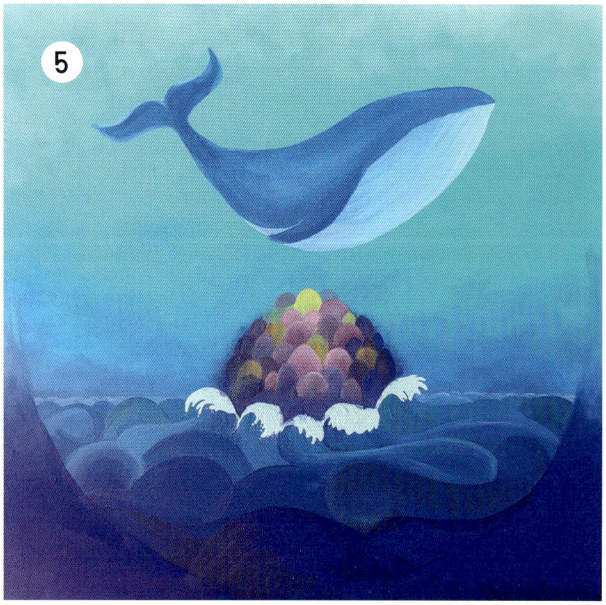

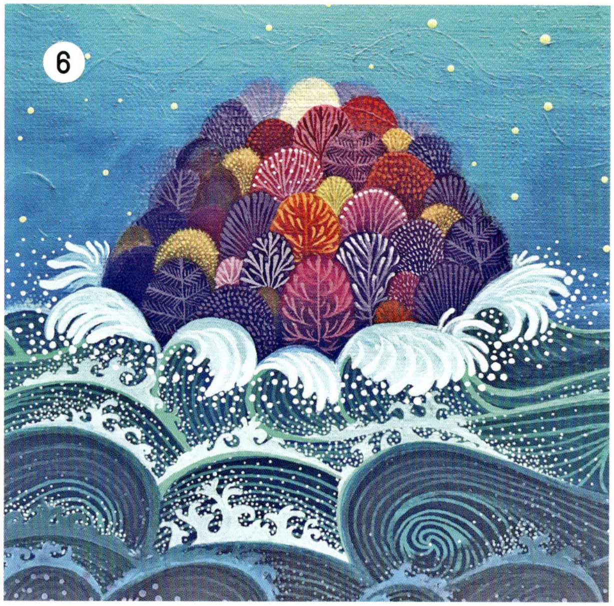

SCHRITT 5

Im nächsten Schritt malst du die Baumkronen der Insel in Violett- und Pinktönen und setze auch etwas hellgelbe Akzente dazwischen. Die Farbsättigung sollte hierbei noch nicht zu stark sein, da später noch farbig leuchtende Akzente eingearbeitet werden. Die Farbpalette erinnert etwas an einen bunt gefärbten Herbstwald.

SCHRITT 6

Widme dich nun der Insel: Für die Akzente der Baumkronen bleibst du in denselben Farbtönen des jeweiligen Baumes. Mische die Farbe etwas heller und gesättigter an. Ziehe dann mit einem dünnen Pinsel die Äste sehr fein nach. Ähnlich gehst du nun auch bei den Wellen vor. Für die Gischt verwendest du die Dot-Painting-Technik und malst viele kleine Punkte.

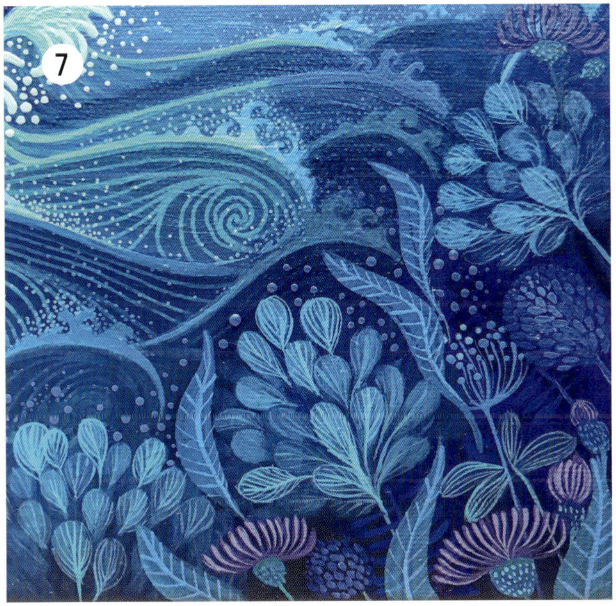

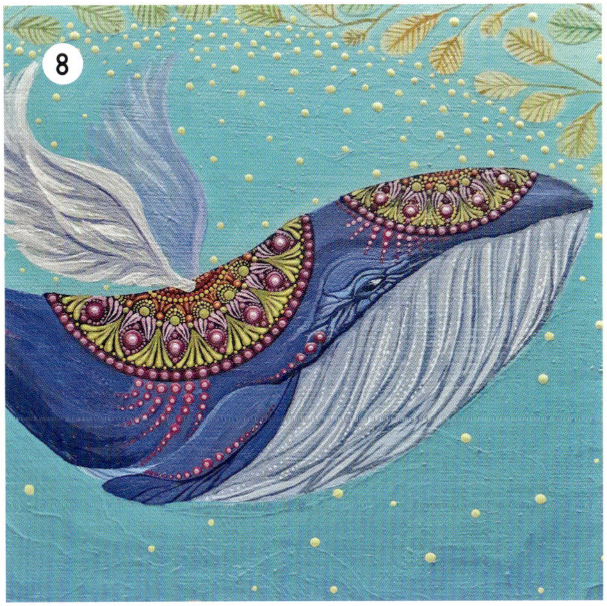

SCHRITT 7

Achte bei den Blättern und Pflanzen darauf, dass sie sich in ihrer Ausrichtung zum Zentrum hin neigen. Der Schwung der Äste sollte schön ausgewogen und der Duktus gleichmäßig sein.

SCHRITT 8

Beim Schmuck des Windfisches setzt du die Dot-Painting-Technik ein. Zeichne dir mit Hilfe einer Kreisschablone oder eines Zirkels die Kreislinien vor, damit es schön gleichmäßig wird. Setze zuerst die Hauptpunkte und überprüfe, ob die Abstände gleich sind. Später kannst du die Tropfenformen und kleinere Punkte drum herum arrangieren. Den Mustervariationen sind keine Grenzen gesetzt.

Weiter geht's

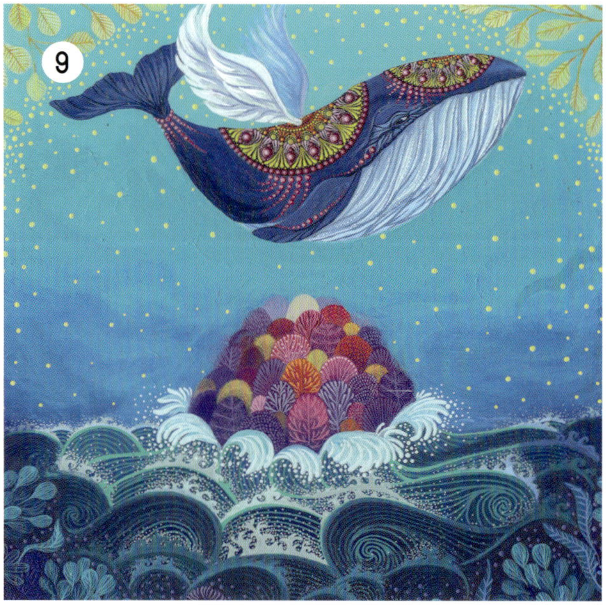

Tipp

Schau dir das Kunstwerk „Die große Welle vor Kanagawa" von Katsushika Hokusai an. Es gilt als das weltweit bekannteste Motiv aus der japanischen Kunst und hat viele Künstler in ihrem Stil beeinflusst. Lass dich davon inspirieren und finde deinen eigenen Ausdruck, die Wellen für dieses Bild zu kreieren.

SCHRITT 9

Sind die Übergänge nun alle harmonisch gestaltet? Betrachte dein Werk auch mal von einer größeren Entfernung. So erkennst du, an welchen Stellen eventuell noch Ergänzungen notwendig sind.

fertig!

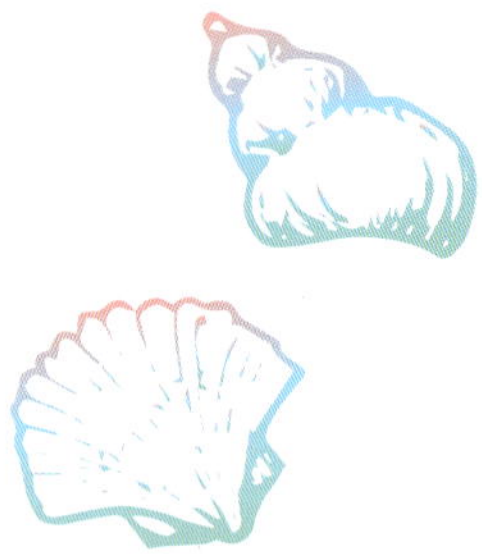

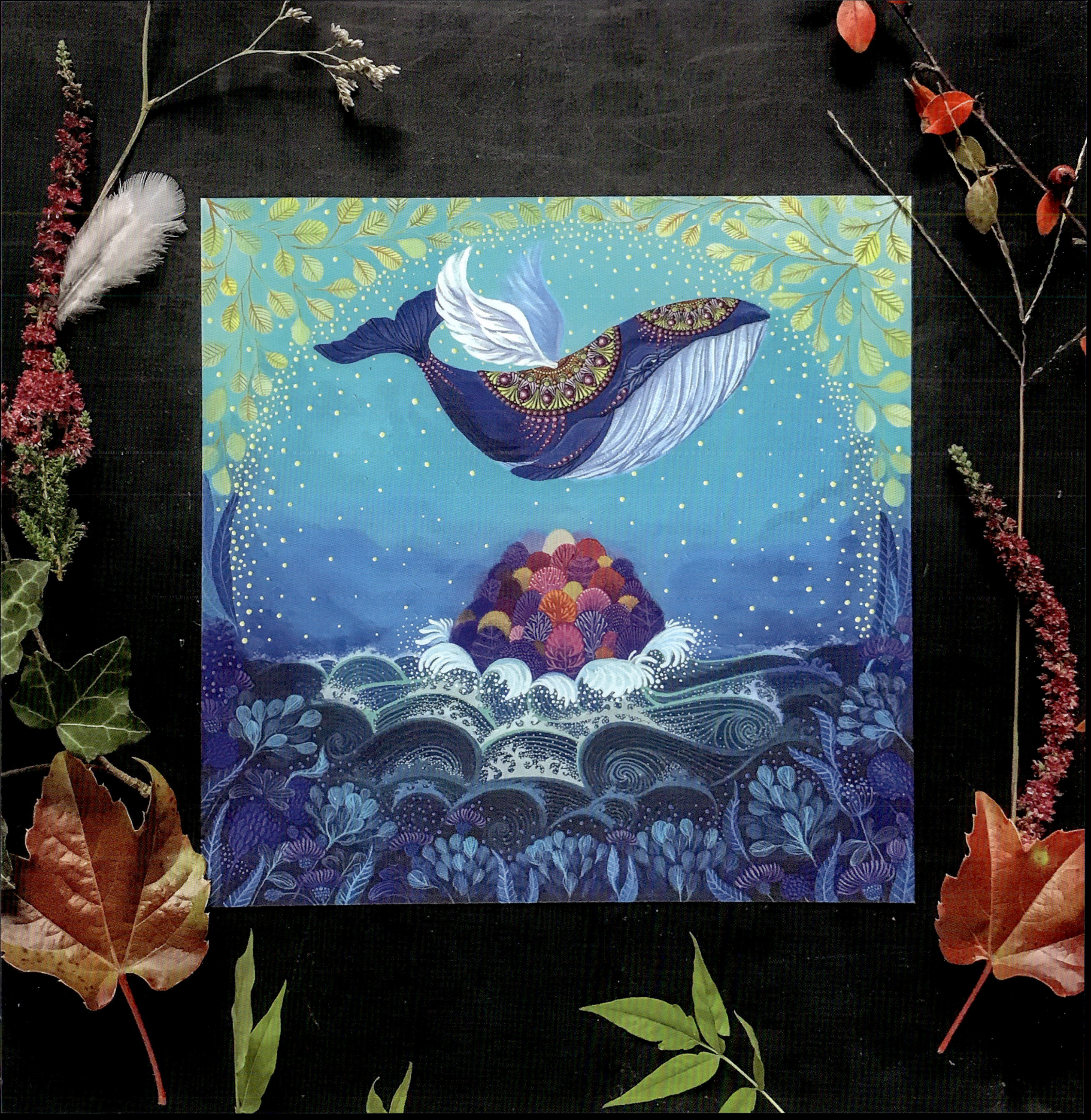

SEEROSEN Labyrinth

»ENTFALTE DEIN POTENZIAL.«

Dieses Bild lädt dich in die Tiefen der Unterwasserwelt ein. Die Seerosen mit ihren reinen Blüten scheinen aus der dunklen Tiefe emporzusteigen, um dem Licht entgegenzuschweben. Mutig treten sie ihre Reise im Dunkel des Schlammbodens an, um ihre Blüten dem Licht entgegenzustrecken und sich zu öffnen. Ihre Stängel winden sich in sanften Bewegungen wie schwerelos durch Nuancen von Dunkelgrün bis Türkis. Tauche hinab in die Tiefen deines Seins.

Material

Leinwand: 40 x 40 cm

Pinsel: Acrylpinsel aus Synthetikfaser; mittelgroßer Flachpinsel für die Grundierung; Rundpinsel verschiedenster Größen für die Detailmalerei

ACRYLFARBEN

Grundierung: Terra Verde mit Indigo; Türkis für den Farbverlauf

Blätter: Chromgrün, Lichter Ocker, Mauve

Blüten: Rosa, Magenta

Sonstiges: weißer Buntstift zum Vorzeichnen

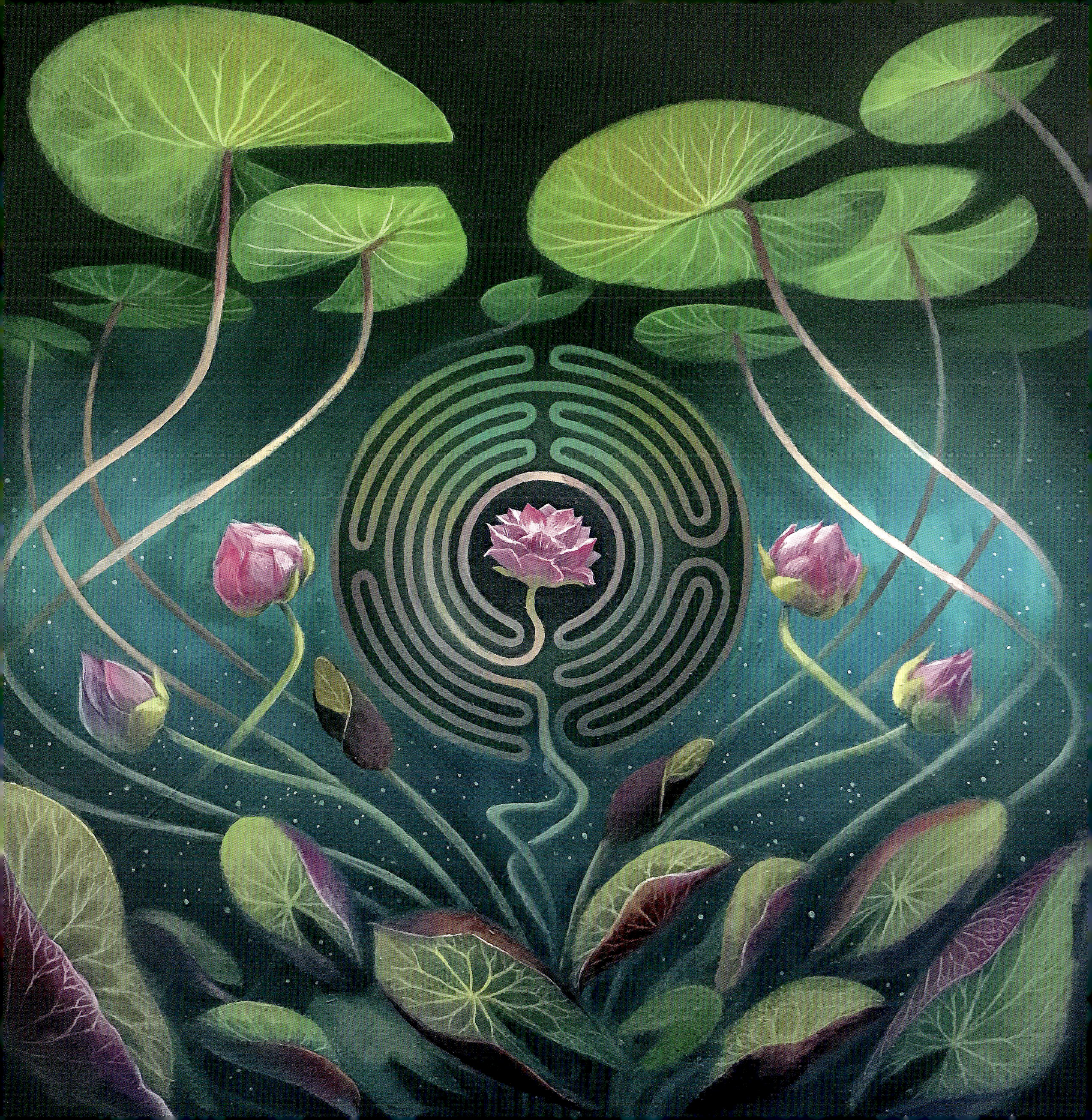

Los geht's

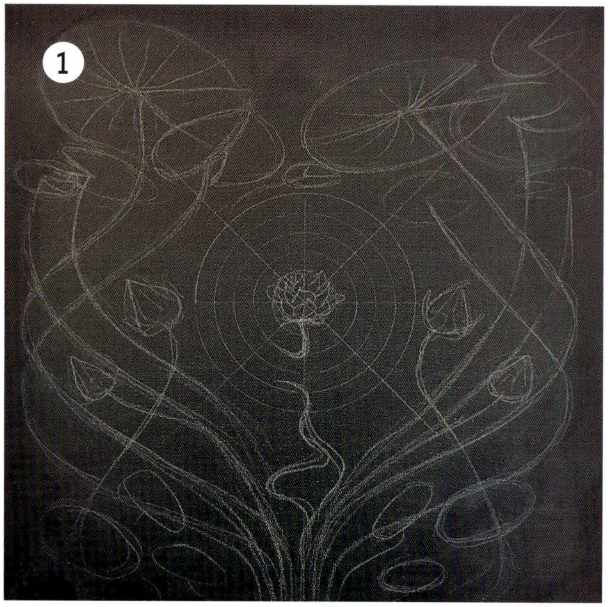

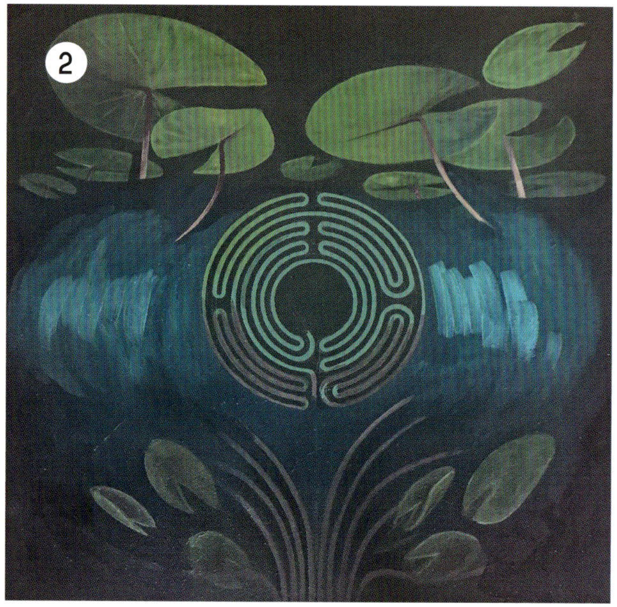

SCHRITT 1

Zuerst grundierst du mit einer Mischung aus Dunkelgrün (Terra Verde) und Indigo die gesamte Leinwand. Dann legst du die Komposition grob mit einem weißen Buntstift fest. Die Konstruktion des Labyrinths fertige ich mit einer Kreisschablone an. Skizziere die Seerosenblätter in ihrer Größe und Anordnung vor. Die Stängel schwingen sich symmetrisch zur Vertikalachse rechts und links um das Labyrinth herum. Sie sind in Anlehnung an den Jugendstil als dekorative Elemente gestaltet. Du kannst dich hierfür von den Kunstwerken dieses Stils inspirieren lassen.

SCHRITT 2

Entlang der horizontalen Mittelachse arbeitest du einen Farbverlauf in Türkis ein. Die Seerosenblätter kolorierst du in hellen und dunklen Grüntönen. Die Blätter an der Wasseroberfläche sind durch den Lichteinfall deutlich heller als die auf dem Grund. Das Labyrinth malst du ebenfalls mit einem hellen Grün vor.

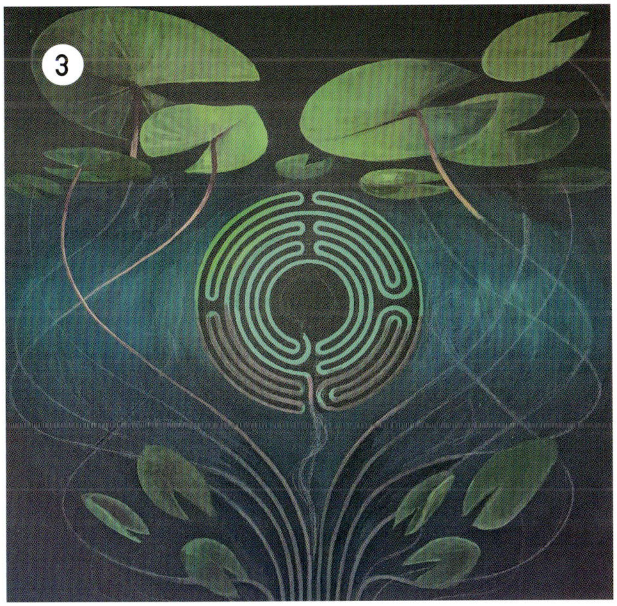

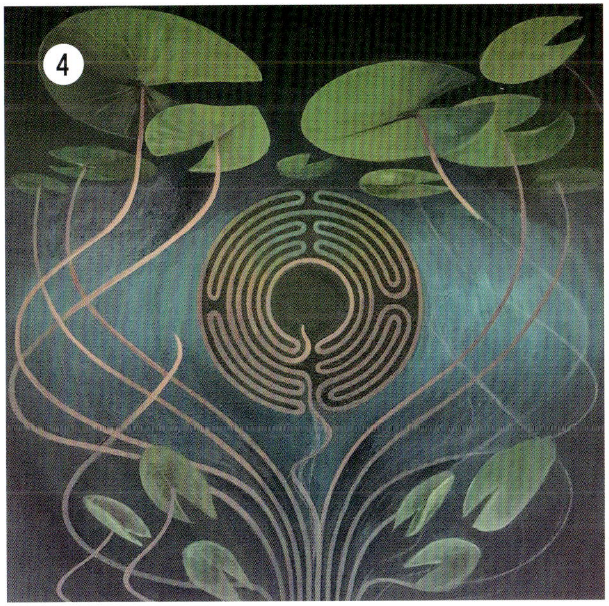

SCHRITT 3

Auf dem getrockneten Farbverlauf ziehst du mit dem weißen Buntstift nun die exakte Position der Stängel in einer dünnen Linie nach. Mit einem zarten Rosa und einem dünnen Rundpinsel gestaltest du die Linien. Lege dabei fest, wie sich die Stängel überkreuzen. Deiner Fantasie, wie du dieses Muster anlegen möchtest, sind keine Grenzen gesetzt.

SCHRITT 4

Das Labyrinth färbst du von der vertikalen Mittelachse aus zu beiden Seiten hin in einen Farbverlauf, der die Farben des restlichen Bildes spiegelt: oben beginnend mit Türkis, dann Grün über Gelb bis unten endend im Rosa der Stängel. Hilfreich ist hier, sich vorher die Farben zu mischen, um ein zügiges Arbeiten zu erleichtern.

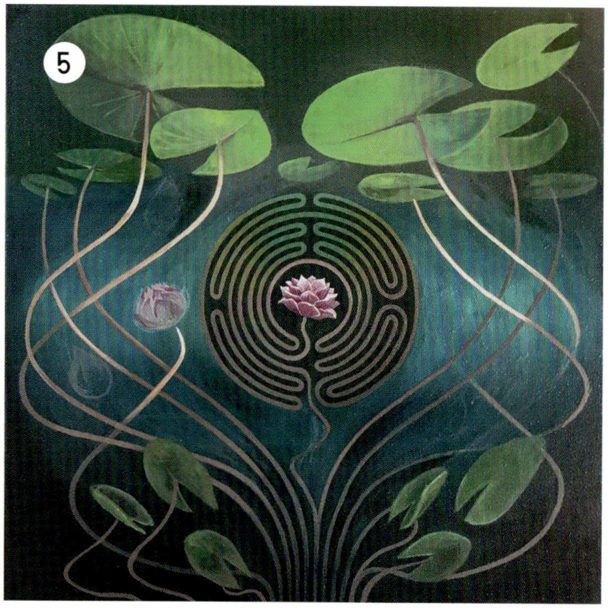

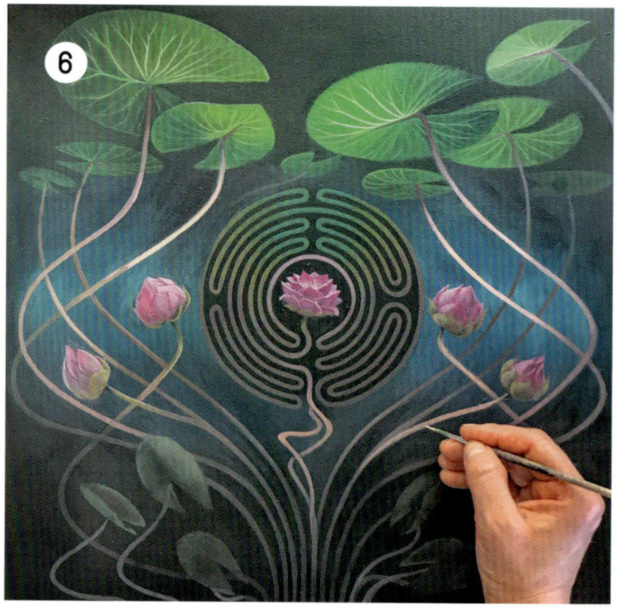

SCHRITT 5

Sind die Stängel fertig, positionierst du die Seerosenblüten und malst erst grob die Formen mit Rosa vor und anschließend die Details, wie einzelne Blütenblätter, mit einem sehr feinen Pinsel ein. Je nach Lichteinfall modulierst du durch hellere und dunklere Bereiche die Blütenform und erzielst dadurch einen räumlichen Effekt.

SCHRITT 6

Danach werden die feinen Blattadern in einem helleren Ton als dem der Blattfarbe eingefügt. Dort, wo das Licht von oben einfällt, leuchten sie kräftiger, in dunklen Bereichen sind sie fast nicht mehr sichtbar. Auch die im Vordergrund befindlichen Stängel hebst du mit einem sehr hellen Rosa hervor, wohingegen die weiter hinten liegenden Stängel mehr die Farbe des dunklen Hintergrundes annehmen. So erzielst du eine geheimnisvolle Bildtiefe.

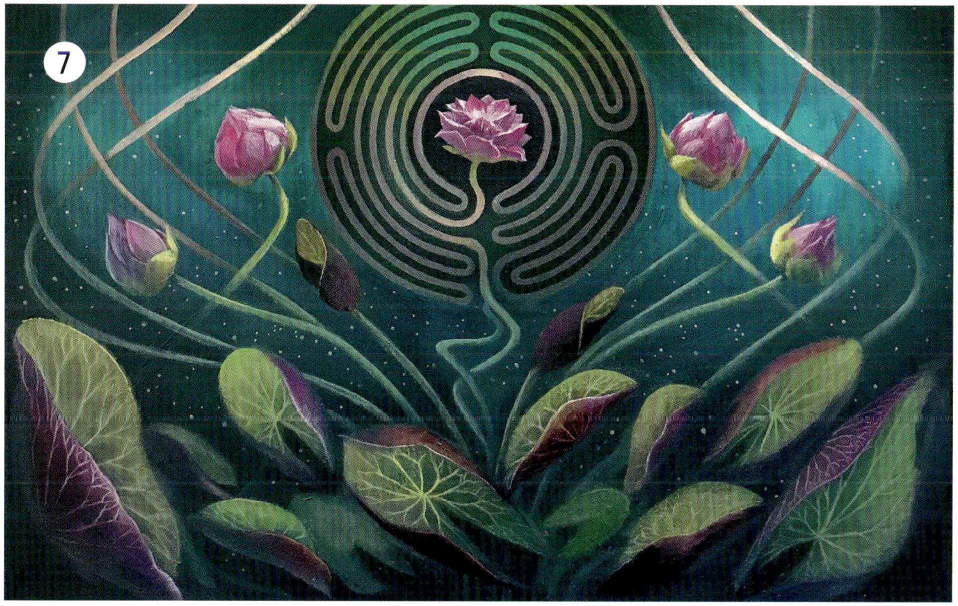

fertig!

SCHRITT 7

Zum Schluss ergänzt du den unteren Bereich mit noch mehr eingerollten Seerosenblättern. Auch wenn du anfangs eine Komposition festlegst, so erlaube dir, während des Entstehungsprozesses deines Bildes von dieser abzuweichen. Höre auf deine Intuition! Positioniere auch hier erst die groben Formen und gehe dann wie in Schritt 6 vor. Kleine, helle schwebende Pünktchen geben dem Bild den letzten Schliff.

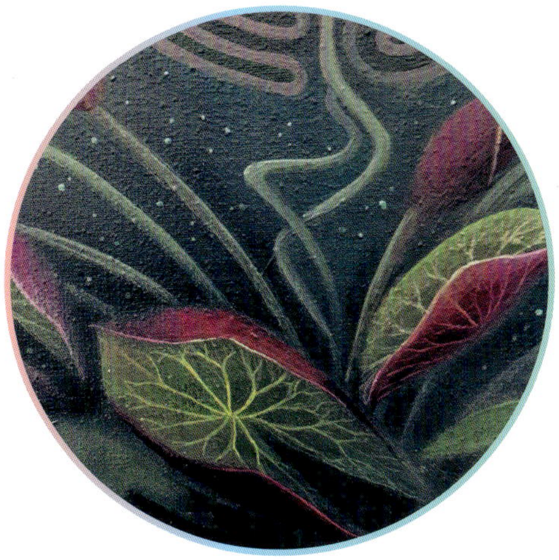

Zum Schluss setzt du sehr helle feine Linien als Highlights entlang der Blattkanten und auf den Stängeln, da, wo das Licht von oben darauffällt. So erzielst du definiertere Formen und mehr Plastizität.

REICH DES *Pflanzengeistes*

»ZELEBRIERE DIE SCHÖNHEIT DEINER SCHÖPFUNG.«

Mit diesem Bild feierst du die einzigartige Schönheit und Fülle der Natur. Das Prinzip der Spirale findet sich in allen Bereichen der Schöpfung: von DNA-Strängen, Schneckenhäusern, dem spiraligen Wachstum des Farns bis hin zu Galaxien. Diese Beobachtung macht deutlich, dass alles miteinander verbunden ist und universellen Prinzipien folgt. Die kupferfarbene Spirale im Mittelpunkt des Bildes wirkt edel, kostbar und erdig zugleich. Die Paradiesvogelblume ergänzt dies durch ihre Farbenpracht und Extravaganz.

Material

Leinwand: 40 x 40 cm

Pinsel: Acrylpinsel aus Synthetikfaser; Rundpinsel verschiedenster Größen für die Detailmalerei

Acrylfarben: Farbpalette rangiert im dunkleren Farbspektrum von Violetttönen zusammen mit Grün- und Türkisfarben. Kupfer und kräftiges Gelborange setzen leuchtende Akzente.

Sonstiges: weißer Buntstift zum Vorzeichnen

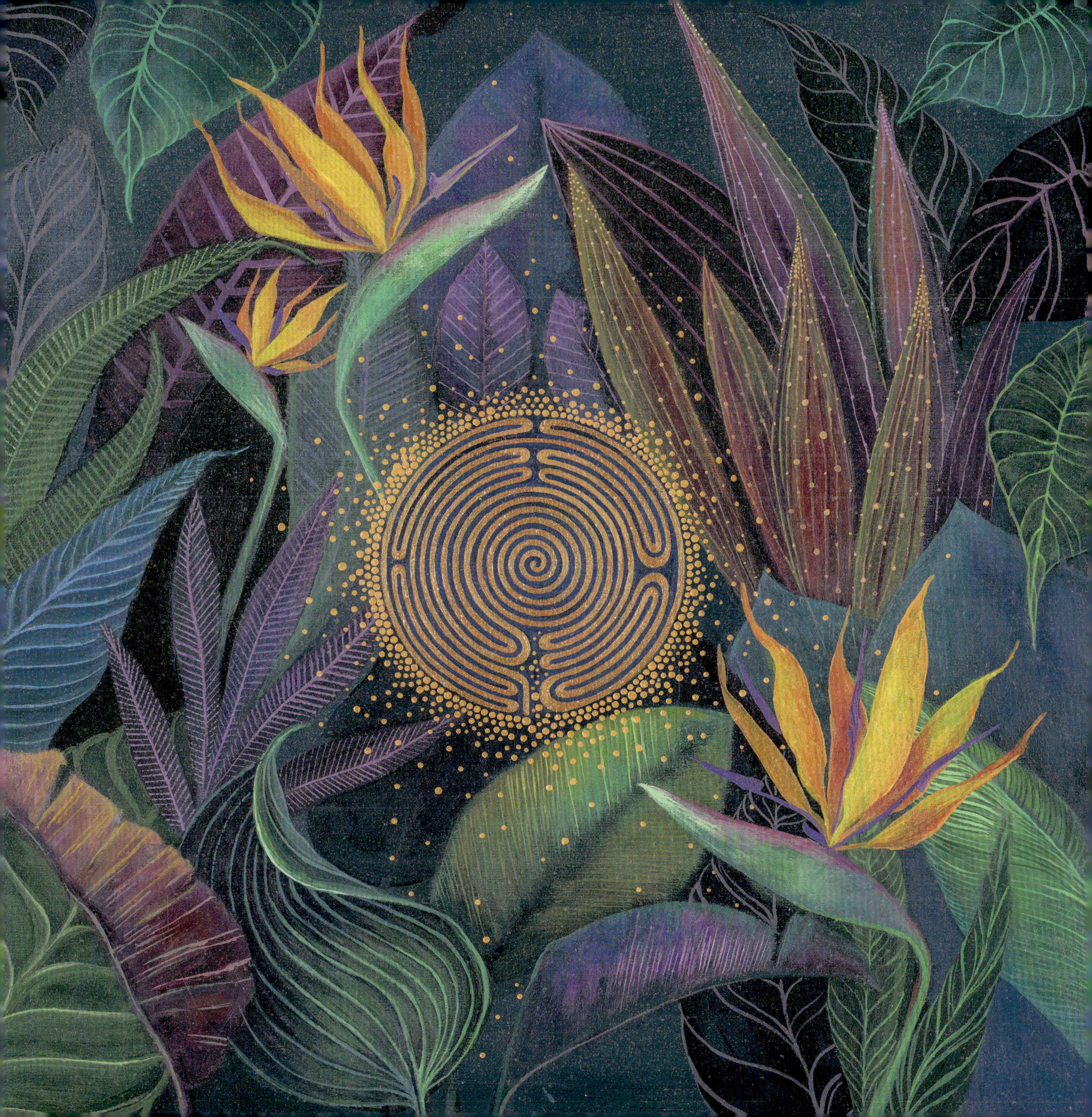

Los geht's

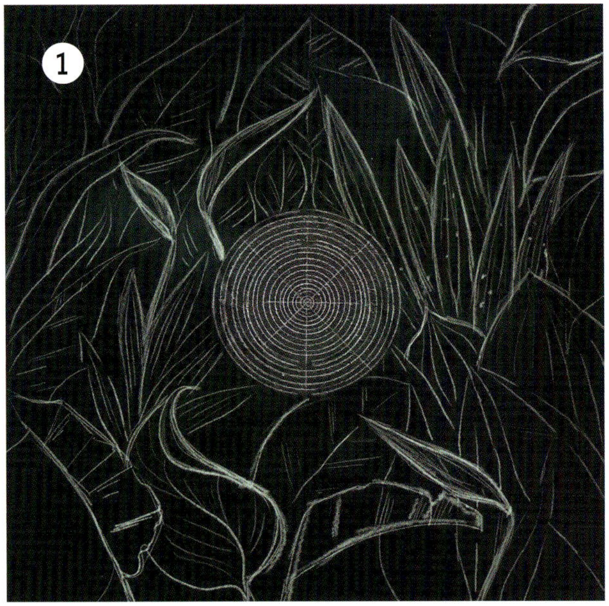

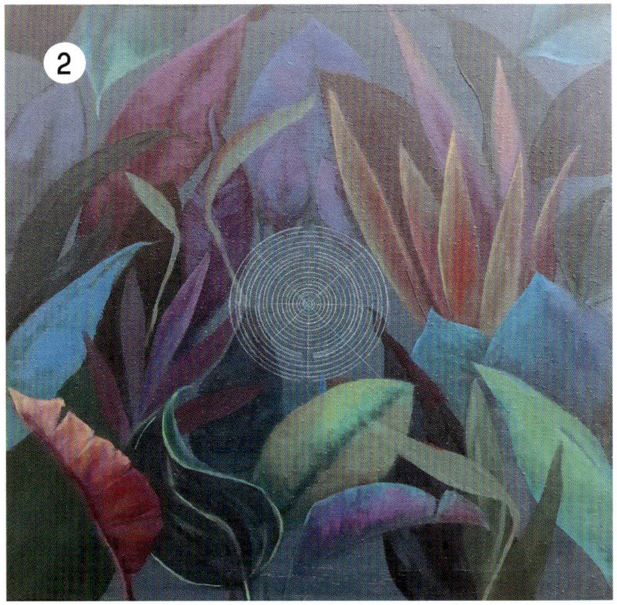

SCHRITT 1

Grundiere mit einem tiefen Dunkelgrün die gesamte Leinwand. Wenn alles getrocknet ist, zeichne mit einem weißen Buntstift das Arrangement der Blätter vor. Das Labyrinth konstruiere ich mit einer Kreisschablone und zeichne es mit dem weißen Buntstift vor.

SCHRITT 2

In gedeckten Tönen malst du die Blätter und legst die Farbtöne fest. Wenn du mit der Farbgebung der Blätter insgesamt zufrieden bist, kannst du weitere Farbnuancen in die einzelnen Blätter einarbeiten.

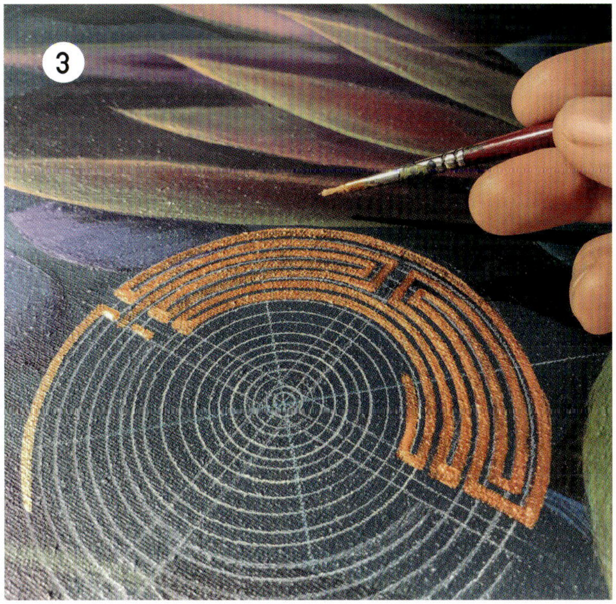

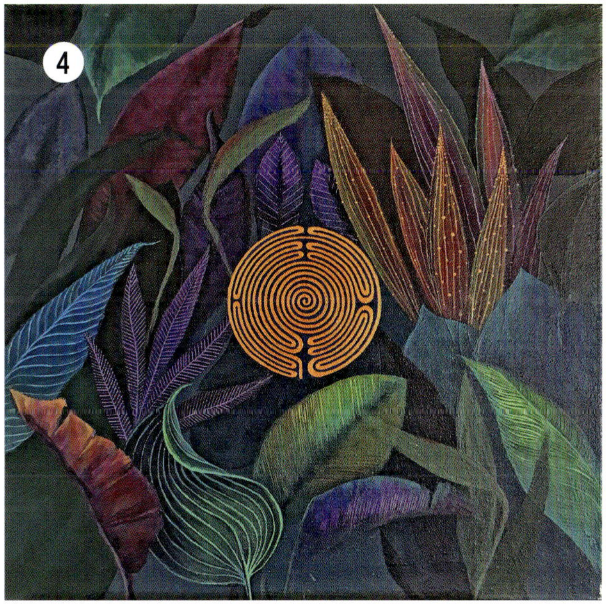

SCHRITT 3

Mit Kupferfarbe und einem dünnen Rundpinsel malst du das Labyrinth nach. Arbeite ruhig und behutsam. Nimm dir Zeit und verlangsame bewusst deine Bewegung. Je sorgfältiger die Vorzeichnung ist, desto besser wird das Ergebnis! Achte nicht nur auf einen gleichbleibenden Pinselauftrag, sondern habe auch ein Auge auf die Zwischenräume. Sie verraten dir, ob du gleichmäßig gearbeitet hast. Du kannst die Labyrinthkurven eckig oder rund gestalten.

SCHRITT 4

Male die Blattadern in einem helleren Ton der Blattfarbe. Wähle den Ton gerade so hell, dass sich ein fluoreszierender Effekt ergibt. Variiere auch in Liniendichte und Linienbewegung. Lass dich dabei intuitiv von der Form des Blattes führen.

Weiter geht's

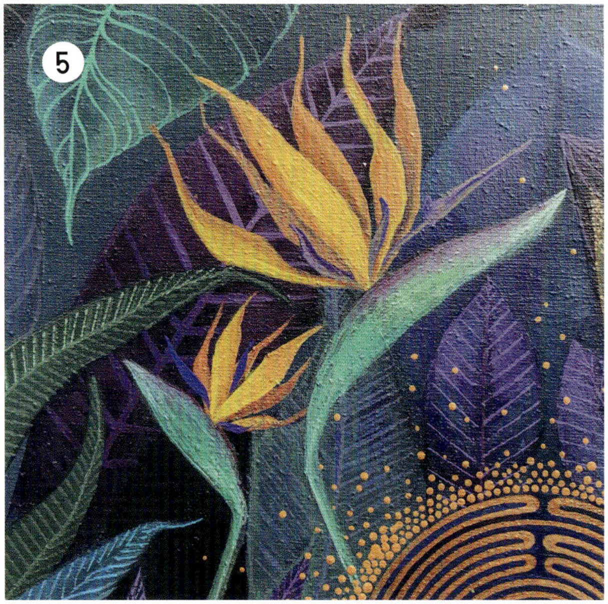

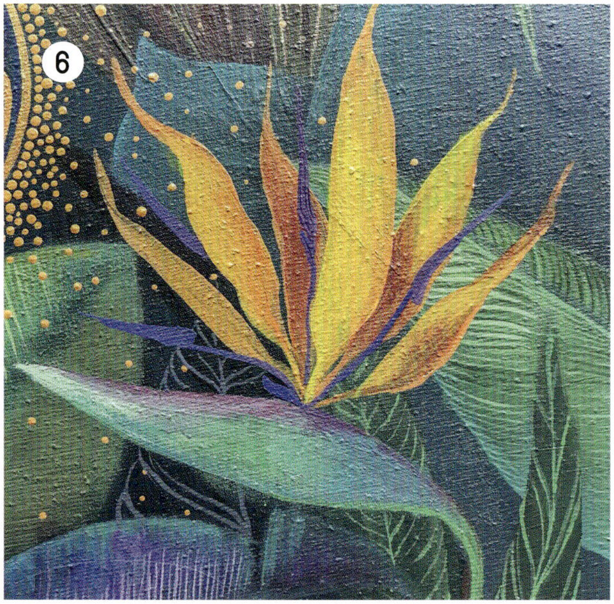

SCHRITT 5

In diesem Schritt platzierst du die Blüten der Paradiesvogelblume. Dort, wo die Blüten gemalt werden, lässt du den Hintergrund eher dunkel und verzichtest auf leuchtende Akzente. So kann die Blüte voll zur Geltung kommen.

SCHRITT 6

Damit die Blüten plastisch wirken, malst du zuerst die hinteren Blütenblätter in einem dunkleren, gedeckten Orange. Wenn sie getrocknet sind, werden die vorderen Blütenblätter in leuchtendem Orange darübergesetzt.

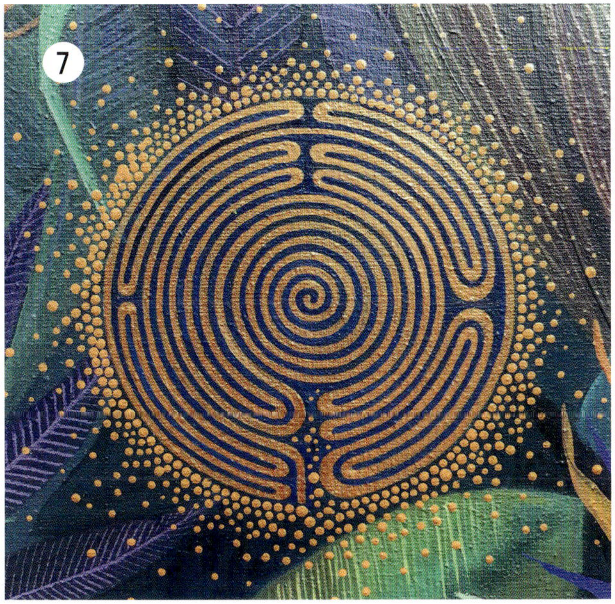

fertig!

SCHRITT 7

Zum Schluss setzt du mit Kupferfarbe viele kleine Punkte um das Labyrinth herum. Sie sind am Außenkreis des Symbols verdichtet angeordnet und „schweben“ unregelmäßig vom Zentrum weg in alle Richtungen.

Tipp

Lies im Technik-Kapitel (S. 13) nach, wie dir die Punkttechnik am besten gelingt. Dabei kommt es auf die Konsistenz der Farbe an.

UNTERWEGS in die Pflanzenwelt

»ALLES IST EINS.«

Mit diesem Bild begibst du dich in die Pflanzensphären des Dschungels. Der helle Mondschein bringt Blätter und Blüten zum Leuchten und verzaubert die Nacht. Lichtschimmernde, filigran ausgearbeitete Blattadern und Farne, die mittels der Punkttechnik zu pulsierendem Leben erwachen, entführen den Betrachter in die Mystik der Pflanzenwelt. Das goldene Labyrinth lädt dich ein, den Weg zu beschreiten, bis sich das Geheimnis des Zentrums vor dir entfaltet.

Material

Leinwand: 40 x 40 cm

Pinsel: Acrylpinsel aus Synthetikfaser; mittelgroßer Flachpinsel für die Grundierung; Rundpinsel verschiedenster Größen für die Detailmalerei

Acrylfarben: Farbpalette reicht von warmen Olivtönen über satte Blau-, Grün- bis Türkisnuancen. Violett und Gold komplettieren die Farbkomposition.

Sonstiges: weißer und rosa Buntstift zum Vorzeichnen

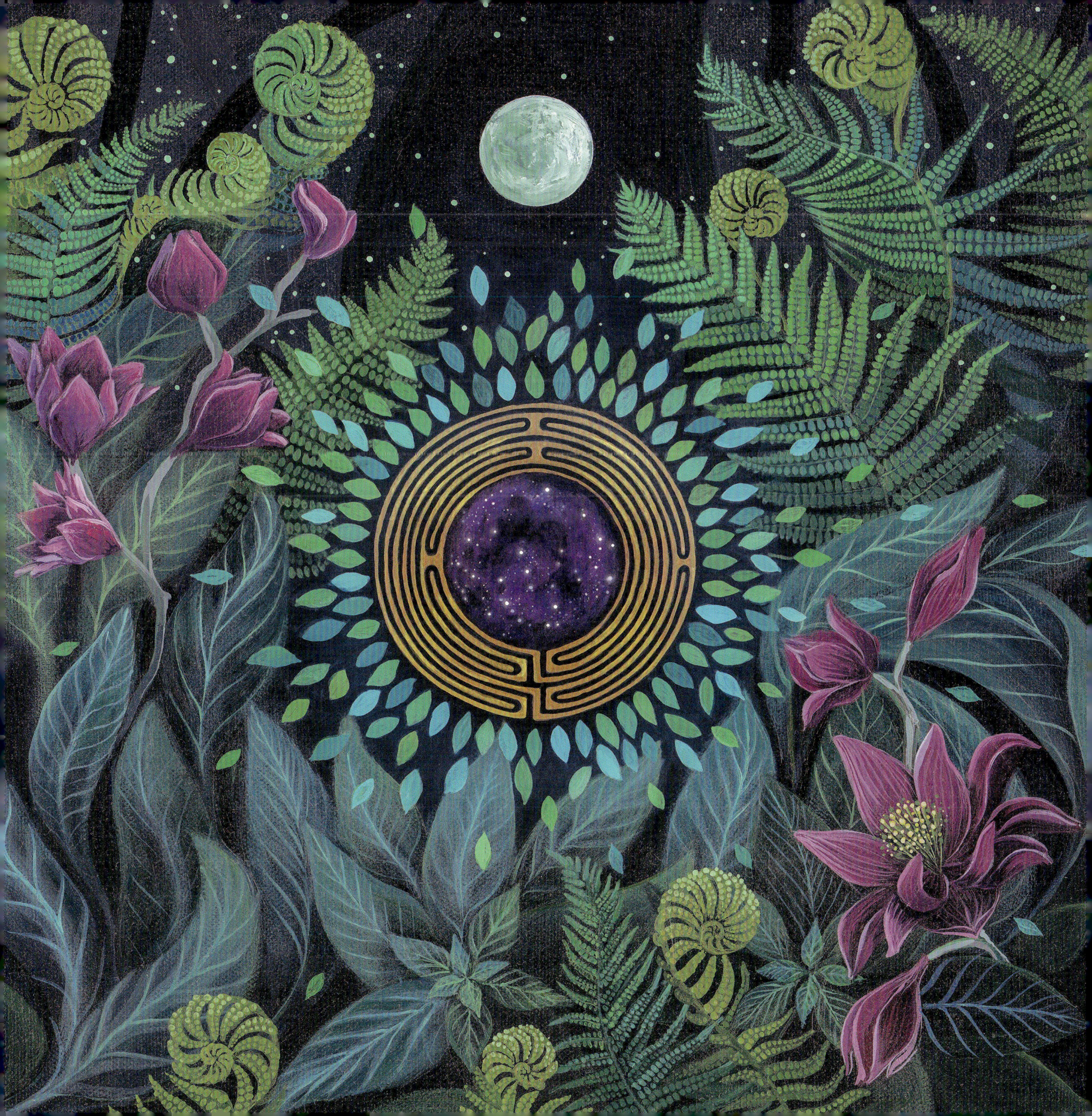

Los geht's

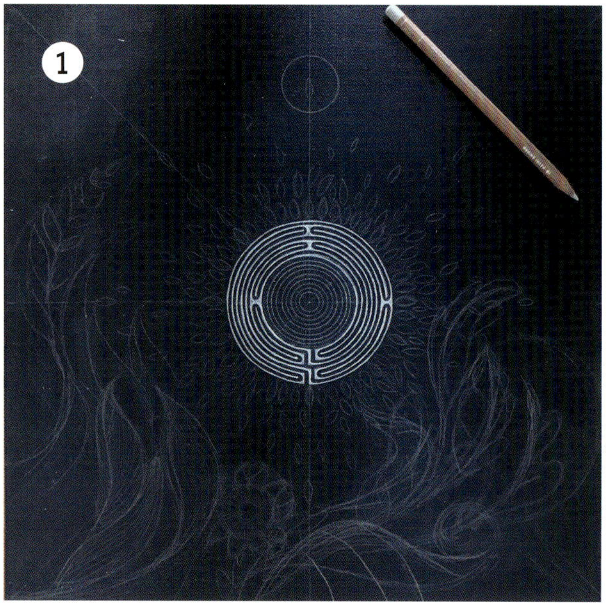

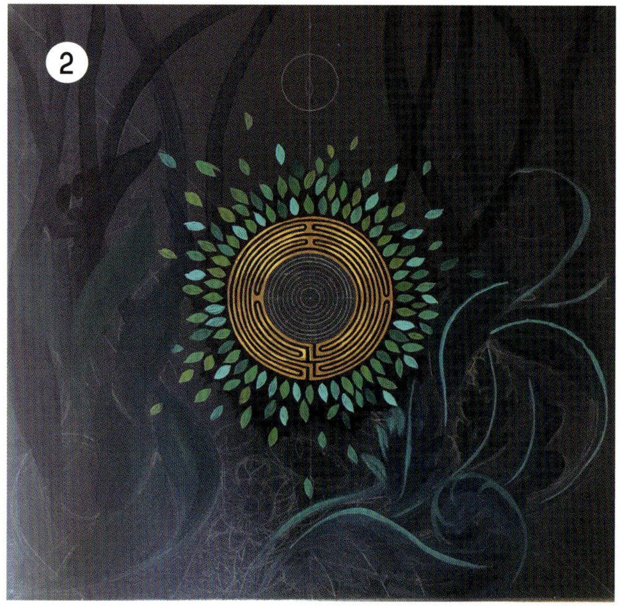

SCHRITT 1

Zuerst grundierst du mit einem tiefen Nachtblau die gesamte Leinwand. Die Farbpalette umfasst die tiefgrünen und -blauen Nachtfarben des Dschungels, und auf dem dunklen Untergrund kommen die Grün- und Violetttöne später gut zur Geltung. Die Komposition skizzierst du mit einem weißen Buntstift. Das Labyrinth konstruierst du mit einer Kreisschablone und zeichne es ebenfalls mit dem Buntstift vor.

SCHRITT 2

Mit Goldfarbe und einem dünnen Rundpinsel malst du das Labyrinth nach. Hier ist größte Sorgfalt gefragt. Nimm dir Zeit und genieße den Prozess. Ohne Eile wird es zu einem meditativen Akt. Kleine stilisierte Blattformen sind erst gleichmäßig kreisförmig um das Labyrinth verdichtet angeordnet und verteilen sich unregelmäßig vom Zentrum weg in alle Richtungen. Sie verbinden das Symbol mit den pflanzlichen Elementen und spiegeln das Farbthema wider.

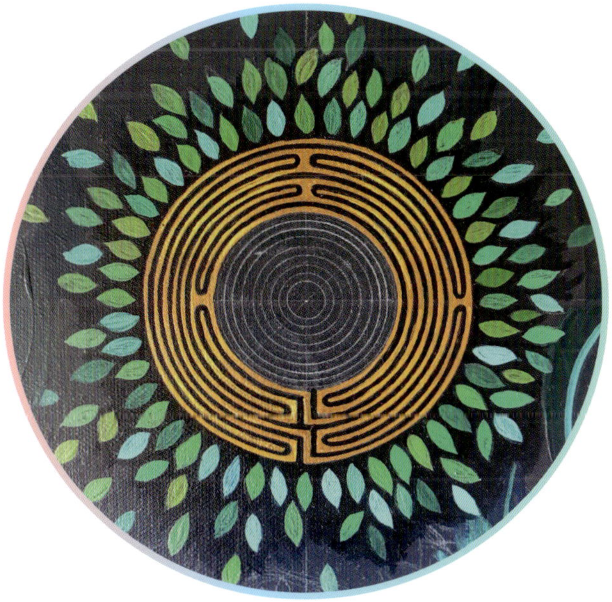

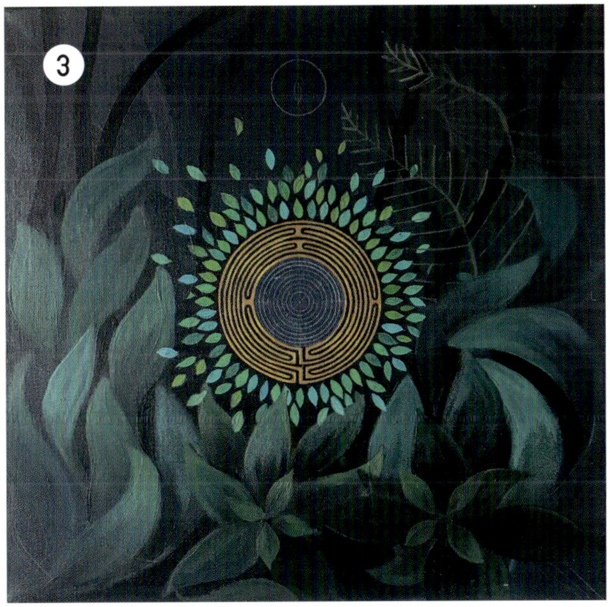

Damit du das Labyrinth und die Anordnung der Blätter besser erkennen kannst, zoomen wir etwas näher ran.

SCHRITT 3

Nun legst du die Anordnung der Blätter fest und malst grob die Formen vor. Achte darauf, dass sich die Blattformen harmonisch fließend um das Zentrum herumbewegen und nicht statisch wirken. Dabei werden die Farben zu den Rändern hin dunkler, sodass das Auge zum Zentrum gelenkt wird.

Weiter geht's

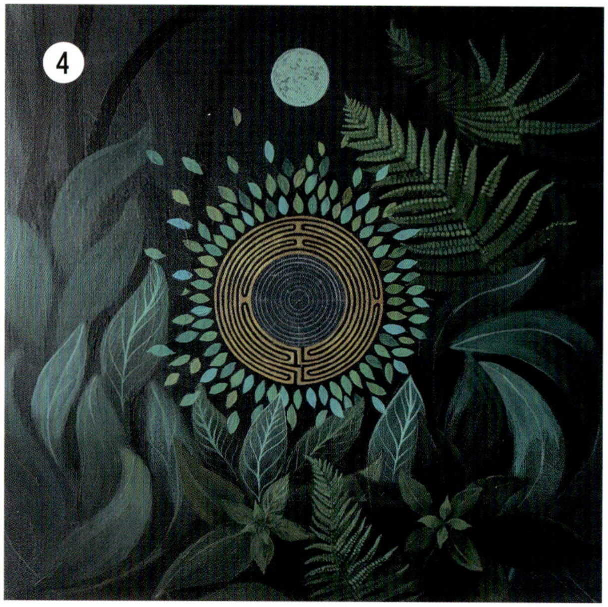

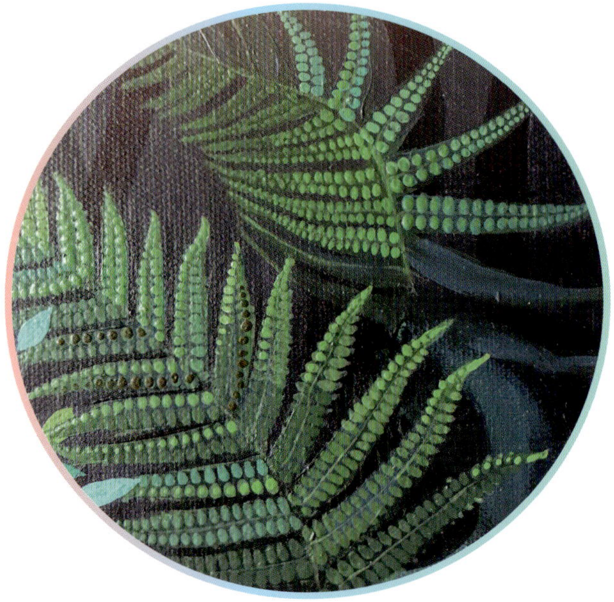

SCHRITT 4

Nun wird der Mond exakt auf der Mittelachse platziert. Verwende kein reines Weiß, sondern töne es mit den Farben der Farbpalette leicht ab. So integriert sich der Mond in die Farbkomposition. Die Blattadern und Farnpünktchen bilden die letzten Akzente, die mit einem feinen Rundpinsel hinzugefügt werden. Dafür verwende ich einen helleren Farbton der jeweiligen Blattfarbe. So bekommen die Blätter eine leicht fluoreszierende Optik und wirken geheimnisvoll.

Hier siehst du detailliert die einzelnen Blätter der Farne und wie ihre Pünktchen angeordnet sind.

fertig!

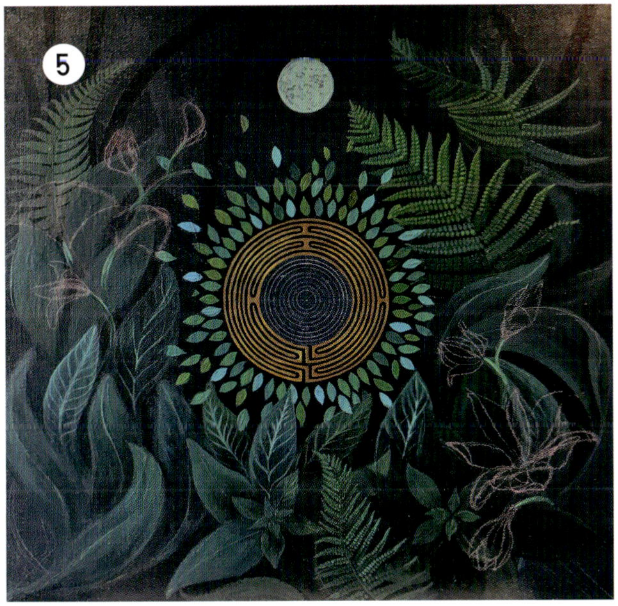

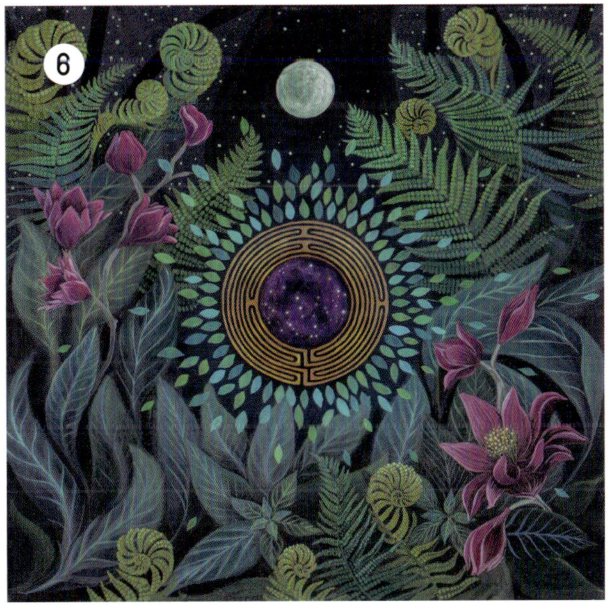

SCHRITT 5

Ist alles getrocknet, zeichne ich die Blüten mit einem rosa Buntstift ein. Ich skizziere sie leicht vor und kann so beurteilen, ob mir die Positionierung gefällt und sie die Komposition interessant macht. Auch weitere Farnblätter (z.B. eingerollte) lassen sich so gut vorzeichnen.

SCHRITT 6

Im letzten Schritt male ich die Details, wie Blüten, Sterne und den Kosmos, ins Zentrum des Labyrinths. Das sind die Akzente und Highlights, die der Komposition den besonderen Feinschliff geben und das Bild zum Leuchten bringen. Beachte die Form der Blütenblätter und setze entsprechend Schatten. Am besten verwendest du dazu einen abgedunkelten Ton. Vom Mond angestrahlte Bereiche hebst du mit einer helleren Farbe hervor.

DIE AUTORIN

Kathleen Hoffmann ist Künstlerin, Illustratorin und Grafikerin mit einem abgeschlossenen Studium in Kommunikationsdesign.

Seit zwanzig Jahren arbeitet Kathleen freischaffend. Neben ihren Projekten als Grafikerin war sie als Bilderbuchillustratorin und Malerin im Trickfilm tätig.

Nun lebt sie seit 2020 mit ihrer Familie an der Ostsee und widmet sich verstärkt ihrem eigenen künstlerischen Schaffen. Ihre Malerei lehnt sich an die Tradition der Mandalakunst an. Die harmonischen Eigenschaften eines Mandalas werden in Kathleens Werken durch den Einsatz filigraner Punkttechnik ergänzt. So verbinden sich Farben und Formen zu ausgewogenen, wohltuenden Arrangements. Dabei dienen die geometrischen Formen als Bühne, um illustrative Elemente einzuflechten. Poetische Momente verbinden sich mit der Kraft der Symbole.

Ihre Kreativität entdeckte Kathleen in frühester Kindheit zwischen den Pflanzen und Blumen der familiengeführten Gärtnerei und den Gemüsebeeten der Großeltern. Mit den Sinneseindrücken von Düften und Farben, feuchter Erde und Wärme inmitten der Gewächshäuser verbindet Kathleen noch heute ein Gefühl von Ursprung und Heimat. Damit ist besonders der Zugang zur Natur und Pflanzenwelt verknüpft. Kathleens künstlerische Vision ist es, die Magie der Natur sichtbar zu machen, denn in ihr liegt kostbares Wissen verborgen.

Kathleens Werke kann man als Originale und Kunstdrucke erwerben. Weitere Informationen dazu findest du unter:

Künstlerseite und Onlineshop:
www.kathleenhoffmann.com

Instagram, Facebook und Pinterest:
@kathleenhoffmannart

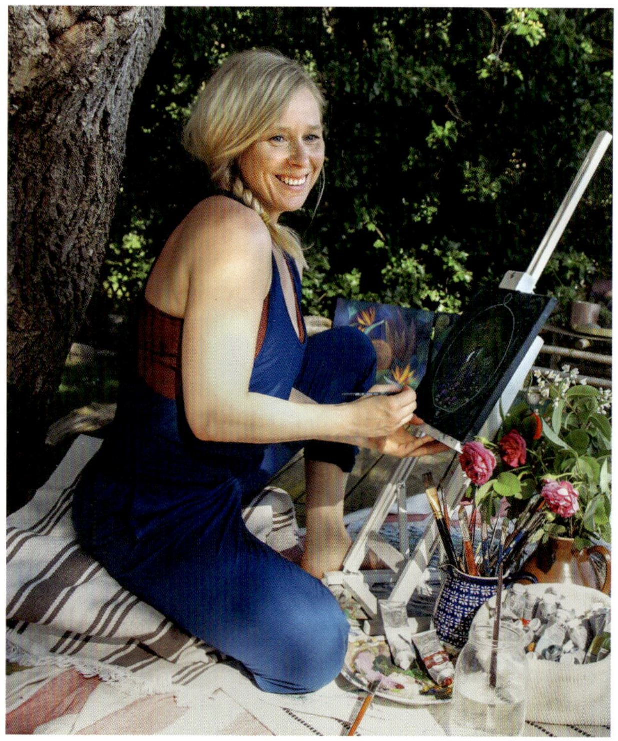

DANKSAGUNG

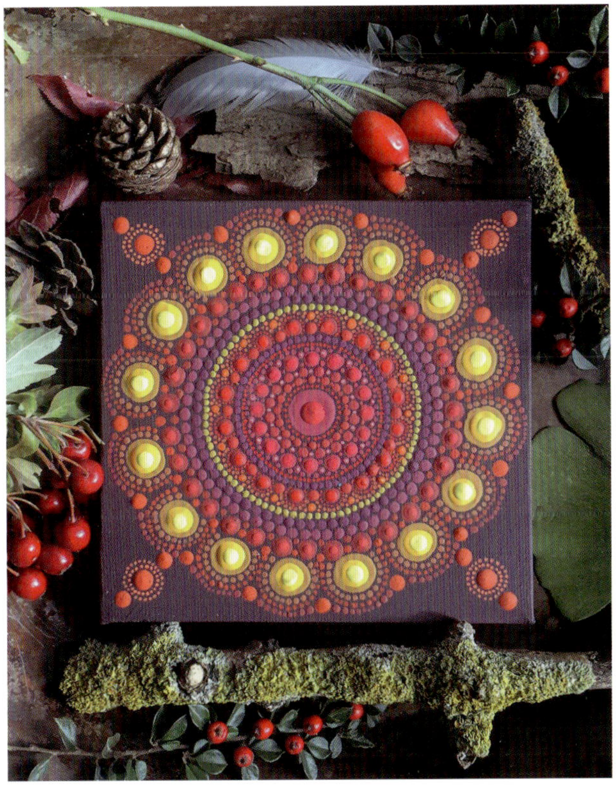

Von Herzen bedanke ich mich bei dir, liebe/r Leser/in, dafür, dass du dich auf dieses Buch eingelassen hast. Ich hoffe, ich konnte dir nützliche Informationen bereitstellen und dir vor allem Inspiration und Impulse für deinen eigenen kreativen Weg schenken.

Einen herzlichen Dank sende ich an den EMF-Verlag, weil ich durch ihn die Möglichkeit bekommen habe, meine Kunst durch dieses Buch sichtbar zu machen und damit interessierte Menschen erreichen kann.

An dieser Stelle geht ein besonderer Dank an meine Lektorin Nora Köpp, die mich unter den vielen tollen Künstlern da draußen herausgepickt und mir den Weg zum Verlag geebnet hat. Ihre professionelle Betreuung während der Arbeit am Buch war die beste Hilfestellung, die ich bekommen konnte. Ich habe mich von ihr sehr bestärkt und ermutigt gefühlt.

Und zu guter Letzt: Danke an meinen wundervollen Mann Axel Steinhagen, der nicht nur für einige Fotos in diesem Buch verantwortlich ist, sondern mir viel wertvolle Zeit freigeschaufelt hat, damit ich an diesem Buch arbeiten konnte.

IMPRESSUM

Bibliografische Information der Deutschen Bibliothek.

Die Deutsche Bibliothek verzeichnet diese Publikation in der Deutschen Nationalbibliografie.

Detaillierte bibliografische Daten sind im Internet über http://www.dnb.de/abrufbar.

EIN BUCH DER EDITION MICHAEL FISCHER

1. Auflage 2021

Cover, Layout und Satz: Silvia Keller
Redaktion und Lektorat: Nora Köpp
Fotos: © Kathleen Hoffmann
Autorenfoto: © Axel Steinhagen

Bildnachweis:
Buchrücken: ©Daria Moskvina/thenounproject (Pinsel-Icon), Innenteil: ©WinWin artlab/Shutterstock (Dekorationssterne)

ISBN 978-3-7459-0713-1

Gedruckt bei Polygraf Print, Čapajevova 44, 08001 Prešov, Slowakei

www.emf-verlag.de